中华先贤人物故事汇

廉颇

辛泊平 著

中华书局

图书在版编目（CIP）数据

廉颇/辛泊平著. —北京：中华书局,2019.2
（中华先贤人物故事汇）
ISBN 978-7-101-13775-0

Ⅰ.廉… Ⅱ.辛… Ⅲ.廉颇－生平事迹 Ⅳ.K825.2

中国版本图书馆 CIP 数据核字（2019）第 033799 号

书　　名	廉　颇	
著　　者	辛泊平	
丛 书 名	中华先贤人物故事汇	
责任编辑	马　燕　董邦冠	
出版发行	中华书局	
	（北京市丰台区太平桥西里 38 号　100073）	
	http://www.zhbc.com.cn	
	E-mail:zhbc@zhbc.com.cn	
印　　刷	北京瑞古冠中印刷厂	
版　　次	2019 年 2 月北京第 1 版	
	2019 年 2 月北京第 1 次印刷	
规　　格	开本/787×1092 毫米　1/32	
	印张 4⅛　插页 2　字数 57 千字	
印　　数	1-10000 册	
国际书号	ISBN 978-7-101-13775-0	
定　　价	18.00 元	

出版说明

　　孔子周游列国，创立儒家学说；张骞出使西域，开辟丝绸之路；书圣王羲之，留下了曲水流觞的佳话；诗仙李白，写下了"举头望明月，低头思故乡"的名篇；王安石为纠正时弊，推行变法；李时珍广集博采，躬亲实践，编撰医药学名著《本草纲目》……

　　这些杰出的历史人物，有的是在中华民族文明进程中做出过突出贡献、对后世产生过巨大影响的思想家、政治家，有的是对中华优秀传统文化的传承传播发挥过重大作用的文学家、艺术家、科学家，有的是为国家安定统一、民族融合团结和中外文化交流做出过杰出贡献的军事家、外交家……他们为中华民族的繁荣发展做出了伟大的贡献，他们的行为事迹、风范品格为当世楷模，并垂范后世。

他们是中华民族的先贤人物。他们的思想、品德、事迹，是中华优秀传统文化的结晶。他们的故事，是对中华民族的禀赋、特点和气质最生动、最鲜活的阐释。他们的名字，在五千年中华文明史上最为光彩夺目。他们为五千年中华文明史书写了最为光辉灿烂的篇章。

为了解先贤，走近先贤，我们精心组织编写了这套《中华先贤人物故事汇》丛书。以详实可靠的史料为依据，以细腻动人的故事为载体，真实地呈现中华先贤人物的事迹、品格和精神风貌，彰显他们的贡献和功绩，以激发人们对国家民族的热爱，对中华文明、中华优秀传统文化的崇敬。

开卷有益，期待这套丛书成为你的良师益友。

目 录

导读 …………………………………………… 1

阳晋大捷 …………………………………… 1

完璧归赵 …………………………………… 15

渑池之会 …………………………………… 37

负荆请罪 …………………………………… 54

长平之战 …………………………………… 67

邯郸之围 …………………………………… 92

冲冠一怒 ………………………………… 112

客死他乡···122

廉颇生平简表···125

导　读

　　廉颇，战国时赵国名将。他英勇善战，征战四方，以英勇果敢名闻于列国。

　　赵惠文王时，率赵军攻打齐国，取得阳晋大捷，被拜为上卿。后多次击败秦军的入侵。赵孝成王四年（前262），长平之战开始。最初，廉颇为了避秦军的锋芒，坚守不出，让对方无计可施。后秦国采用反间计，赵王改用只会纸上谈兵的赵括代替廉颇，结果赵国大败，四十余万赵军被白起坑杀。后来，秦国再次攻打赵国，围攻邯郸，廉颇率领赵军坚壁清野，与秦兵展开了旷日持久的对抗，最终在魏楚联军的帮助下，取得了邯郸保卫战的胜利。赵孝成王十五年（前251），燕国进攻赵国，廉颇大破燕军，包围燕国都城。燕国割五城求和。廉颇被封为信平君。

赵悼襄王继位以后，听信宠臣郭开的谗言，致使廉颇投奔魏国大梁。后来在秦国不断攻打赵国时，赵王才终于又想起了廉颇，但因使者被郭开收买，廉颇渴望再为赵国驰骋疆场的愿望终成泡影。

廉颇与赵国的李牧，秦国的白起、王翦并称战国四大名将。他为赵国开疆守土，立下了赫赫战功，但老年流落异乡。虽然心系赵国，终于没有机会为国效力，最后客死他乡，让人悲叹。

除了军事才能，廉颇最具传奇色彩的故事，是"负荆请罪"。在司马迁的笔下，他有大局意识，勇于承认错误，处处以国家利益为重，最终与蔺相如一起书写了被誉为千古美谈的"将相和"。

可以说，廉颇不仅是一代名将，他的心怀家国、光明磊落、勇于自我批评的品质更值得后世学习和铭记。

阳晋大捷

1

将近一年的时间里，廉颇几乎成了钢铁之躯、战斗之神，成了一个精神符号。

自包围阳晋以来，他便一直处于亢奋之中。每天，当他站在远处观望那座城池的时候，都会有一种莫名的激动。尤其在夕阳中，那高高的箭楼，斑驳的城墙，城头上飘扬的大旗，甚至墙上的草，都会愈发庄严肃穆，让他神往。他无法猜测城内守军与百姓的现状。他只渴望，城墙上明天能插上赵国的旗帜。

自从伐齐以来，他的生命就和士兵、鼓角和营帐融为一体，不可分割。白天，他身先士卒，血染战袍；夜晚，他巡营瞭哨，枕戈待旦。他的脸越来越瘦削，但却刻满了坚毅；他眼睛里的血丝越来越密，但却充满了光芒。不管多疲倦，只要是听到号角与喊杀之声，他的精神就会为之振奋，热血就会为之奔涌。他知道，他正在为自己的国家开疆拓土，他正在为自己的人生书写辉煌。人生只有短短几十年，但这短短几十年可以让他名垂青史。

"大丈夫生当如是！"想到此，他那不动声色的脸上竟然有了一丝笑意。

夜色已深，天上寒星闪烁，风吹战旗刷拉拉响。廉颇似乎很久没有感受到这样的安静了。白天刚刚打过一仗，他的将士们太累了，现在早已进入了梦乡，但他睡不着。他在想明天的战况。他已经在军营里巡视了很久，但依然毫无睡意。他喜欢听士兵们那此起彼伏的鼾声，那么亲切，那么温暖。可惜这是在战场上，如果在家乡，不眠之夜听听这熟悉的鼾声，也许就是一曲醉人的催眠曲呢。他想。旋即又被自己这种近乎荒诞的想法吓了一跳。

他这样边想边走，不觉间走进士兵的帐篷。看到躺着的士兵，即使睡觉还保持着整齐的行列，他有点欣慰，有点骄傲。他轻轻地蹲下来，为靠门的士兵掖了掖毯子。看着那张年轻的脸，他竟然有点动情。他伸出粗糙有力的手掌，轻轻抚摸它，仿佛在抚摸自己的孩子。

那名士兵突然睁开眼睛，醒了，这是长时间军旅生涯练就的警觉，是习惯，也是素养。他刚要挣扎着坐起来大喊，嘴巴却被一只大手捂住了。肩膀上的另一只大手，让他动弹不得。

"廉将军……"士兵的声音似乎来自肺腑，而不是喉咙。

廉颇能从那灼热的气流里感受到震惊和感动。他松开捂在士兵嘴上的手，放在自己嘴上，轻轻"嘘"了一声，另一只手则轻轻拍了拍士兵的肩膀，示意他继续睡，不要吵醒大家，然后，才缓缓地站起身，走出了帐篷……

这一夜，那个无名士兵的梦被扰乱了。他想，白天那个不怒自威的将军怎么会有这样的温情时刻；他想，那双在千军万马中斩杀敌方大将人头如探囊取物般轻松的大手怎么会如此柔软；他想，传说中那个让对手闻风丧胆的人怎么会来去如此轻盈；他想……

廉颇回到中军大帐，天已微亮，东方的天空微白。

他也在想那个年轻的士兵，他是谁的儿子？他姓字名谁？他知不知道自己打仗是为了什么？他在战场上害怕过吗？一连串的问题，竟让这个见惯了血肉横飞场面的男人也心软了一下。但很快，他便从那种类似神游的状态中恢复了常态。就要升帐了。明天，他还要面对一场大战。他必须冷峻，必须铁血。

点卯时刻，将校整齐排列两旁，传令兵站在一旁，中军大帐威严如虎。

坐在大帐中间，廉颇声如洪钟："诸位将军，阳晋大战就在今天。我们一定要拿下它，只许上前，不许退后，违令者斩！"

"遵命！"那些分列两边的将军们士气高涨。因为，这一路上，跟着廉将军，他们已经获得了太多的胜利，获得了太多的荣誉。他们相信这个人，崇拜这个人。在他们心中，廉颇就是一座值得依赖的大山，是一个攻无不克战无不胜的神。

此时，每个人心中都有一幅惨烈异常的画面：那上面，有高高的城墙，有如雨的箭阵，有云梯，有吊桥，有旌旗，有纷纷倒下的尸首，而画面中最醒目的，当然是那耀眼而又悲壮的鲜血。然而，他们不会恐惧，更不会退缩，因为，他们知道，带领他们的是声震列国的廉颇；与他们一起冲锋陷阵、同甘共苦的是兄长一般的廉将军。

2

这是赵惠文王十六年（前283）。

在此之前，秦军多次攻打赵国，但都被廉颇率军击退。那时，秦国士兵听到廉颇的名字都会胆寒。于是，秦军不得不改变策略，与赵国结盟。然后，秦赵联合韩国、燕国、魏国一起攻打齐国。而廉颇，则是赵军的统帅。

对于秦王来说，这次五国共同伐齐，并不是真正的军事行动，而是为了实现他们的政治意图。所以，面对齐军，秦军并没有全力以赴。而韩国、燕国和魏国，也多持观望态度，虽和齐国有交锋，但也都首鼠两端。但廉颇不管这些，他是一名将军，他的使命是为了国家利益，他的生命在沙场。

现在，廉颇已经率军深入齐国境内。他的眼前是阳晋，他要把它攻下，让这座城池插上赵国的旗帜。他不理会其他四国的军队是否与之形成相互援助之势，他只知道，现在的齐国，精疲力竭，已经命悬一线。他不能浪费这个为国攻城拔寨的绝佳时机。

阳晋城外，旌旗招展，刀枪林立，将士的铠甲在阳光下发出寒光。驾着云梯的士兵和弓箭手早已严阵以待。那些战马，似乎早已嗅到了空气中的血腥之气，开始不安起来，不时喘着粗气，用马蹄踢跶地面。

廉颇稳稳地坐在马上，他并不着急下命令攻城。他还在观望，在等待。他看到阳晋城上旗帜似乎有些飘摇，看到站在城上的将军似乎有些木然，甚至，他似乎还看到了藏在城墙后面的齐兵那苍白失神的脸……他的身子在马上微微前倾，然后，举起令旗，如虎啸龙吟一般发出命令——攻城！那声音仿佛一道闪电，瞬间撕裂天空。

霎时，鼓声震天，风云变色。赵国的士兵如潮水一般涌上去，但并不凌乱，而是严整有序。架云梯的士兵冒着箭雨冲向墙根，弓箭手蹲着朝城上放箭掩护，步兵和马队各司其职，都在相机而动。前面的士兵倒下了，后面的士兵继续向前冲。每一个人都在怒吼，声音似乎都被撕裂了；每一个人的眼睛里都在喷火，那火焰似乎把鲜血都照亮了。

时间一点点过去。双方互有伤亡。在拉锯一样的战斗中，许多士兵都用尽了气力，不再呐喊。空气似乎凝固了。

一名大将慢慢靠近廉颇，低声说："廉将军，是否可以停一停，商量一下，是不是改变作战的方略？"廉颇端坐马上，没有回答。但突然提起缰绳，胯下的战马前蹄高扬，然后，扬鞭纵马，高声大呼："三军将士，我廉颇在此，阳晋城属于赵国！随我来！"

这穿云裂石的呼声，瞬间化为一股力量，传递到每一位赵国士兵的身上。看着自己的统帅奋不顾

廉颇端坐马上，没有回答。但突然提起缰绳，胯下的战马
前蹄高扬。

身，一马当先，他们也像虎豹一样再次腾跃而起。而城上的齐军，则被这晴空霹雳吓得胆破魂飞，竟有人因站立不稳从城上摔下来。

越来越多的云梯架起来，越来越多的赵国士兵爬上了城墙。越来越多的齐兵从城墙上掉下来，他们四散而逃，边跑边喊："廉颇来了……廉颇来了……"

夕阳西下，一抹红云涂在天空。廉颇打马进城。那一刻，他并没有特别兴奋，因为他要做的事情太多。到了阳晋城中，他首先下令，不许骚扰百姓，违令者斩。然后，又告诫众将士，阳晋虽然已经攻下，但仍不可懈怠，稍作休整之后，还有大仗要打。

然而，他自己却真的有点吃不消了。这些日子以来，神经绷得太紧了。他需要休息一下，养精蓄锐。下一个目标，便是继续向前，直逼齐国都城临淄。这是他的目标，他的愿望，为了赵国，也为了自己。

和将士们喝完庆功酒，廉颇刚要躺下的时候，外面有人来报，赵王的使者到了……

3

他有些意外。刚刚取得的阳晋大捷的消息，不可能这么快就传回赵国。他猜不出使者会带来什么消息，但却隐隐有一种不祥之感，于是，睡意全消。

使者来了，远远地就传来祝贺之声："恭祝廉将军阳晋大捷！这一路上，我听得最多的，就是赵军之威，廉颇之名啊！"

面对这样的赞许，廉颇只是摆了摆手，他请使者坐下，让手下献茶，并没有问使者所为何来。

使者喝着茶，眼睛却一刻也没有离开廉颇的脸。他看到的是一张类似斧削刀刻一样的脸，粗砺，黝黑，有棱有角，透着风霜的凌厉和岁月的洗礼。

"将军可知我来此处的目的？"他试探性地问廉颇。

廉颇不语。使者没有直说此行目的，这似乎验证了他的不祥之感不是空穴来风，而是有缘由的。他慢慢地抬起眼睛问："使者是代大王犒赏三军，鼓舞士气，还是命令趁势追击，直捣齐国都城临淄？"

使者并没有立刻回答。他又低头喝茶了。

"先生此来，到底为何？"廉颇有点坐不住了，他忽然觉得心口有点堵。

"大王命令廉将军撤军！"使者幽幽地说。

"为什么？现在，咱们的军队势如破竹，齐人望风而逃，为什么不一鼓作气，攻下他们的都城，让齐国割地赔城，彻底臣服？"廉颇一下子站起来，声音也提高了八度。但旋即他意识到自己在使者面前有些失态，又坐了下来。

"廉将军，我理解你此时的感受！你们刚刚取得大胜，但这只是阵前。你有所不知，那四国都已经准备班师了。大王担心，他们一旦撤军，那么，将军便是孤军深入，身后无援，这可是兵家大忌呀！"使者说。

好长时间，两个人都不再说话。屋子里一片沉寂，沉寂得连两人的心跳都显得有点突兀，呼吸都显得浊重。

许久，廉颇才缓缓地吐出两个字——"好

吧"。那声音仿佛从遥远的地方传来，感觉有千斤之重，他连自己都吃了一惊。

第二天，当三军将士集合完毕，廉颇站到点将台上，用眼睛扫了扫这些跟着他浴血奋战的将士们，一时间，百感交集。一方面，他有点遗憾，遗憾他们不能再继续冲锋陷阵、为国立功了；另一方面，他又有些许庆幸，为眼前这些活着的将士们，能早日班师回朝，接受国人的礼敬，和家人团聚。他的喉咙有点紧，声音有点哑，但字字清晰、有力——"奉大王令，撤军回国！"

听到撤军的命令，将士们简直不敢相信自己的耳朵，因为，就在昨日，廉将军在庆功会上还激励三军要乘胜追击。一夜之间，怎么竟有了翻天覆地的变化？他们想不通，但没有一个人敢质问。廉将军的话就是最后的命令，他们必须服从。

来如潮涌，去如涌潮。军令如山，赵国的士兵重整旗鼓，再度出发。只不过，这一次不是气壮山河地进军，而是有点狐疑地回撤。他们实在想不出撤军的理由。他们离最后的胜利似乎就差那么一点点了。功败垂成，怎能不让人叹惋。他们都等着廉将军解释原因，对他们，也对死去的弟兄们。然而，廉将军发出撤军的命令后一直沉默着。于是，这支曾经战无不胜的大军，就这样撤离了他们刚刚用鲜血换来的城池。

等阳晋城里的齐人出来看时，赵军早已无影无踪。他们纷纷走上街头，相互询问，赵军为什么会撤军？赵国的士兵究竟长得什么样？有谁见到了大名鼎鼎的廉颇？没有人能回答，这一切，都将成为口口相传的传说。正如那城外的护城河水，它们冲刷过那么多将士的鲜血，但并没有被死亡阻滞，而是日夜汩汩流淌，波澜不惊。

回到邯郸的廉颇，接受了赵惠文王最高的礼遇。因为，此次伐齐，在其他国家逡巡不前的情况下，只有廉颇率领的赵军作战最坚决，战果最丰硕。赵国打出了声威，打出了脸面。廉颇被拜为上卿，出入大大小小的宴会，每一个人都会举着酒杯向他致敬。那些日子，他听得最多的话就是，阳晋一役，廉将军居功至伟！每一次，他都只是微微一笑，把杯中的酒一饮而尽。他有许多话想说，但不知从何说起，也不知该对谁讲。他只知道，他们虽然取得了胜利，但付出的也太多了，那么多将士的鲜血洒在齐国的国土上，却没有为赵国换来更多的疆土。每当那些将士捐躯的惨烈场面浮现脑海，他常常泪下沾襟，不能自已。

　　后来，在分析了各国局势之后，他终于明白赵王的后顾之忧。秦国虽然联合其他四国共同伐齐，但他们不过是想通过攻打齐国来削弱其他四国的国力，然后，坐收渔翁之利。廉颇知道，赵国最大的敌人是秦国。秦国一直都在虎视眈眈，一直都在寻找机会，一直都在觊觎赵国的大好河山。他是一名将军，不是说客。凭借三寸不烂之舌游走于列国止住甲兵的，那是说客们的事情。作为一名将军，他要做的，就是随时准备再上战场，和来犯的敌人兵戎相见、刀枪见血。

完璧归赵

1

日升日落，是自然的光景；春去秋来，是季节的流转。对于廉颇来说，这些他都无暇体会。他负责着这个国家的安全，他无法让自己从那些政事与军务中闲下来。从阳晋回来，在经历了短暂的失落与纠结之后，他又恢复了日常的忙碌。

这一天，廉颇正在家中与门客们谈论天下形势，忽然听到大街上传来嘈杂的人声。那阵势，就像集市一般。他不知道外面发生了什么，就派家人去外面打听。一会儿，家人便兴冲冲地跑进来报告："将军，楚国向赵国求婚了！我们大王得到和氏璧了！"

"和氏璧？难道是楚国卞和发现的那块美玉吗？"廉颇想。他早就知道楚国向赵国求婚，但没想到，他们会带来和氏璧。他听说过卞和的故事，觉得卞和真是一个痴人。为了一块玉石，被人砍了脚竟然不伤心，却为美玉无人识而哭泣。不过，从内心里，他又敬佩卞和。他觉得，这个人身上有股精神，这是所有成大事者都必须具备的一种品质。但眼下，他不知道这块美玉能给赵国带来什么。人们这样高兴是否有点过头了？根据以往的经验，他觉得这块和氏璧肯定会引发一些事情。

果然，没几天，赵王便急匆匆召见了廉颇和诸位大臣。

赵王说："秦王已知道和氏璧到了赵国，现在派使臣来，想用十五座城池交换。我们该怎么办呢，答应还是不答应？"

赵王的话刚说完，大殿内便像炸了锅一样，人们议论纷纷。有人说，用一块和氏璧换十五座城池，这样的交易太值了；有人说，秦王太奸诈，他所谓的用城池换玉石，说不定是一个骗局。每个人都可以说出一堆理由来驳斥对方，但又无法回答对方的质问。赵王一会儿看看这个，一会儿又看看那个，他不知道该听谁的。于是，他把眼光投向廉颇，想听听他的意见。

廉颇一直没有说话，他只是在听，但他的大脑在急速地运转，在分析，在判断。当他发现赵王正盯着他看时，他才意识到，该发表自己的意见了。于是，他向前走了一步，对赵王说："秦王的确奸诈，这是天下共知的，给了他和氏璧，几乎可以断定得不到城池，等于白白受骗；但如果断然回绝，以秦王的贪婪，恐怕会立刻兴兵攻打我们。我们现在要做的，是派一个能够察言观色、善于应对的人去秦国，探清虚实，见机行事。既不会上当受骗，又不给秦国攻打我们的理由。这才是万全之策。"

此话一出，那些喋喋不休的人马上闭上了嘴巴，他们懂得廉颇说话的分量，也听得出廉颇的话更有逻辑性。

赵王频频点头，他觉得廉颇说的就是他想的。只是，他脑子里并没有立刻闪现出合适的人选。廉颇是武将，带兵打仗是他的长项；察言观色，能言善辩，左右逢源，那应该是谋士们的拿手好戏。于是他对众大臣说："廉将军说得极是！众卿之中哪位愿意去回复秦王？"

大殿上陷入令人难堪的寂静。所有人都低下了头，装作思考的样子。就连廉颇，也没有想到合适的人。谁能担当这个重任呢？这不是一般的差事，而是承担着重大的责任。谁都知道，秦国是虎狼之地，稍有不慎，不但毁了一世声名，怕性命都有危险呢！

赵王满怀期待地望着群臣，然而却没有一个人回应。他有些失望，压低了声音说："如果众卿之中没有人出使秦国，莫非还要张榜悬赏吗？"

所有人都听出了赵王的弦外之音，但这个差事的确太烫手，已经远远超出了他们的能力范围，他们有自知之明。

正在这时，宦者令缪贤站出来对赵王说："大王，我觉得我的门客蔺相如可以胜任！"

此话一出，人们似乎在漫漫长夜中发现了一线曙光，大家的目光齐刷刷转向缪贤。

赵王一直阴沉的脸瞬间有了笑意，声音也缓和了许多："我们这里全是国家的栋梁之才，都无人请缨，你凭什么断定一个门客可以完成这个使命呢？这可不是儿戏，而是关乎国家命运的大事呀！"

　　缪贤回答说："大王是否还记得，臣曾经违反法律。那时，我惶惶不可终日，生怕大王治我的罪。于是，就私下里和门客商量，想逃往燕国避难。许多门客都同意，但蔺相如却站出来阻拦我。"

　　"他为什么要阻拦呢？"赵王的身子不觉间已向前挪了几分。大家的好奇心也被勾起来了。他们急切地想知道，这个蔺相如出了什么绝妙主意，能让缪贤如此敬佩。

　　"他并没有说他阻拦的理由，而是问我：'您要逃亡燕国，您怎么知道燕王会接纳呢？您了解燕王吗？'我对他说：'我以前曾经跟随大王与燕王会见，燕王私下里握着我的手说，愿意和我交个朋友。我觉得燕王了解我、信任我，把我当成朋友，所以想去投奔他。'"

赵王微微一笑，那笑里有轻蔑，也有嘲讽，他觉得缪贤有点不自量力，一个诸侯能和一个宦者令交朋友？不只是赵王，大殿里的人也都这么觉得。

缪贤一边说，一边偷偷地观察赵王，他当然发现了赵王脸上的变化，更明白那一笑意味着什么。他的脸有点发烫，继续说："臣知道，这有点一厢情愿和非分之想，但在当时走投无路的时候，我确实觉得燕王是一线希望，是一根救命的稻草。而蔺相如，恰恰就看出了这一点！"

"他对我说：'赵国比燕国实力强大，您又是赵王宠幸的人，燕王当然愿意亲近你，那不是因为您个人，而是因为赵王啊。所以，他看重的不是您这个人，而是您和赵王的关系，您竟然看不出这点，那就有点愚蠢了！以现在赵国和燕国的实力对比，您逃到燕国，我想得到的肯定不是燕王的酒宴，而是燕王的枷锁吧！为了讨好赵王，他肯定要把您做为囚犯捆起来，送到赵王面前……'"

听到这里，赵王不觉扑哧一笑，也有大臣憋不住笑出了声，大殿的气氛变得轻松起来。

缪贤觉得有点难堪，所以，他加快了语速说：

"最后，他劝我：'您现在最好的选择就是脱掉上衣，露出肩背，诚恳地伏在刀斧下，请求赵王治罪。如果赵王感念旧恩，或许您还能侥幸被赦免。这虽然冒险，却是最好的也是唯一的出路！'臣想了很久，觉得他说得有道理。于是忐忑不安地向大王请罪，结果，大王也真如蔺相如推测的那样赦免了臣。所以，臣觉得蔺相如有胆识，有谋略，应该能完成大王的出使任务！"说完这些，缪贤像是终于卸下了身上的千斤重担，长舒了一口气。

听了缪贤的话，大家似乎都被那个从未谋面的门客折服了。此刻，所有的人，包括廉颇，都想尽快见到那个叫蔺相如的门客，看一看是否真如缪贤夸的那样，有气度，有见识，有胆量。

2

蔺相如被召到殿上，对着赵王长揖到地，举止得体，不卑不亢。当他抬起头来，众人仔细打量，却见一个神清气朗、玉树临风的书生，眉宇之间透着一股英气。若非听缪贤介绍过他的身份，谁也不会把眼前这个人和卑微的门客联系起来。廉颇见了，也暗暗赞叹。但他又怀疑，眼前这个人真的能完成这个重大的使命吗？

赵王想再进一步试探一下。他没有直接问蔺相如是否能出使秦国，而是把最初的问题又重复了一遍，他想看看蔺相如的反应。

蔺相如朗声答道："如果不答应秦国的条件，拒绝交换，那么理亏的是赵国；如果答应了秦国的要求，把和氏璧给他，而他不履行承诺，那么理亏的是秦国。衡量利弊，我觉得大王还是应该答应秦国的要求，至少礼数上不亏。然后派一个使者带着和氏璧去秦国，随机应变，既不给秦国以反目的口实，也能捍卫赵国的利益和尊严！"

"那么，你觉得派谁去合适呢？"赵王欲擒故纵。顷刻间，所有的目光都聚焦到蔺相如脸上，空气中再次弥漫着紧张的气息。他们担心蔺相如徒有其名，担心他胆怯，担心他推辞，担心那个棘手的难题再次摆在他们面前。

没想到，蔺相如早已成竹在胸，他毫不迟疑地回答："如果赵王找不到别人，我愿意捧着和氏璧出使秦国。我保证，如果秦王把十五座城池划入赵国版图，那么，和氏璧就留在秦国；如果秦王只是空头许诺，臣一定完璧归赵！"这一番话，说得铿锵有力，掷地有声，让人不觉豪气顿生。

"好！"赵王拍案而起："速去准备车马，遣蔺相如出使秦国！"

3

这是蔺相如第一次来到秦国的都城咸阳。咸阳城内房屋鳞次栉比，街道俨然。然而，他没有闲暇去观赏关中大地的风景，没有心情去了解这里的风土人情，他需要认真梳理一下思路，预设一下见到秦王以后可能发生的情况，他必须考虑周全，做到心中有数。因为，他这次来秦，不是代表自己，而是代表赵国；他随身携带的，也不只是一块美玉，还有国家利益和国家尊严，马虎不得，怠慢不得。他吩咐侍卫，要严密观察过往人员；他命令侍从，要时刻警惕，不能离开和氏璧半步。

章台宫外，建在高台之上的宫殿更显巍峨，连绵不断的楼阁错落有致，檐牙高啄。手握长戈的兵士站在长长的台阶两旁，面无表情，透着一股冰冷的煞气。蔺相如捧着和氏璧跟在秦国负责接待的官员身后，步履从容，神情自如。

进入大殿，蔺相如但见大殿之内，黑色的帷幔高垂，四根巨大的原木作为殿内的立柱，古朴而又沉稳。香炉之中，香气缭绕。群臣侍立两旁，都随着蔺相如缓缓前行的身形扭动脖子。而秦王坐于案几之后，态度随意而又轻佻。身后的侍妾侍女妖艳无比。

蔺相如心里一紧。他隐隐感觉，这个气氛不对。对待外国的使臣，秦王这个样子显得太无礼了。但他还是稳定了一下情绪，长拜之后，对秦王说："臣蔺相如，奉赵王之命，捧和氏璧出使秦国，献于大王！"

"快快呈上来！"秦王大喜，挥舞着胳膊命令侍臣。

秦王把和氏璧捧在手里，他的眼睛眯起来，凑近了看，举起来看，甚至还把和氏璧放在鼻子下闻了闻。然后，他随手把它递给了后面的侍妾。侍妾们拿到和氏璧，都瞪大了眼睛围过来。和氏璧在那些纤纤玉手里传来传去，她们发出阵阵赞叹。随后，那块玉石传给了侍从，又传给了大臣，每个拿到玉石的人都啧啧有声。侍妾、侍从、大臣，都向秦王拱手祝贺，仿佛这美玉已属秦王。秦王眉开眼笑，傲慢而又自得。

蔺相如看到这一切，心里已明白，秦国答应的十五座城池是绝对得不到了，在秦王眼中，这块美玉原本就该属于他，赵国只不过是替他保管了几天，现在它又回到了自己手中。这是他的逻辑。想到这里，蔺相如便走上前，对秦王说："这块美玉并非传说中的完美无瑕，它上面有一处斑点，请让我指给大王看！"

秦王赶忙让侍卫把和氏璧递给蔺相如。没想到，蔺相如拿到和氏璧，迅速跑到柱子旁边，举起玉石，做出要摔的样子。然后，他直视秦王，大声说道："大王想得到和氏璧，派人给赵王送信，说是想用十五座城池换取和氏璧。赵王听说之后，拿不定主意。于是，他召集大臣们商议。大家都说：'秦国太贪婪，他不会舍弃十五座城池来换一块玉

蔺相如拿到和氏璧，迅速跑到柱子旁边，举起玉石，做出要摔的样子。

石的，他只是依仗他的势力，想威胁赵国，以达到白白得到和氏璧的目的。'所以，商议的结果是：不把和氏璧送给秦国。"

从把和氏璧还给蔺相如，到蔺如相在柱子旁站定，这一切来得太快，秦王有些发蒙，殿内的大臣也都惊呆了。他们不知道蔺相如为什么会突然跑起来，又为什么站到立柱旁。直到蔺相如说完这些话，秦王方才如大梦初醒般怔怔地望着蔺相如："那又怎样呢？"

"是我，在赵王面前担保，秦国不会这样的！我认为，平民百姓之间交往尚且讲诚信，不相欺，更何况是大国之间呢？再说了，因为一块美玉，便引起秦国的不满，这也不是明智之举。所以，赵王才答应让我来出使秦国，献上美玉。为了表示郑重和敬意，赵王还专门为此斋戒了五天。而现在，大王却没有表示出足够的诚意。不仅在普通的大殿上接见我，而且把和氏璧传给姬妾，如此傲慢无礼，那是对我的无视和戏弄。所以，我断定，大王并没有给赵国十五座城池的意思，这才又想办法收回了美玉。如果大王一定要强行逼我，那么，今天我的头就和美玉一起在这柱子上撞碎，让您既得不到美玉，还将失信于列国诸侯。请大王明鉴！"说完这些，蔺相如便手持和氏璧，用眼角的余光看着秦王，倾身就要向柱子撞去。

秦王连忙站起身，伸出双手说："先生且慢！先生且慢！怠慢了先生，是我的过错，请先生原谅！我绝不会失信的。"随即，命令一名官员打开地图，草草地比划着从哪里到哪里是要给赵国的十五座城池。

蔺相如认为，这还是秦王的缓兵之计，他没有足够的诚意。那十五座城池仅仅是地图上的符号，并不代表什么。但此时形势所迫，无法再当面说破，他此时最重要的任务是保护和氏璧。于是，蔺相如又换为诚恳的语气："我相信大王说的是真心话！不过，和氏璧是天下公认的宝物，赵王为了表示对您的敬意，所以才派我把它送给大王；在此之前，赵王斋戒了五天，我希望大王也斋戒五日，然后，在大殿上安排九宾大典，那时候，我才能把和氏璧献于大王。"

看着蔺相如视死如归的样子，秦王明白，强夺是不可能的了。于是，他顺水推舟，装作很诚恳的样子，答应了蔺相如提出的条件，并把他安排在广成馆驿，命令五天之后再举行正式的典礼。

夜色笼罩着广成馆驿，幽深的房屋寂静无声，凸起的屋脊与飞檐，仿佛与夜空搏击的鬼魅，显得阴森恐怖。从章台宫来到这里，蔺相如茶饭不思，水米未进，他一直坐在那里，眉头紧锁。看着蔺相如这副凝重的样子，底下人都小心翼翼。外面的侍卫说话都压低了声音，走路也不敢把脚抬高。蔺相如在思考，该如何应对眼前这种局势。夜长梦多，秦王贪婪而无信，身在秦地，一切都不可预料。他觉得自己必须要做一个决定了。他只有时刻谨慎，不能出半点差错，才能不辱使命，不负赵王之托。灯光摇曳，他的影子铺在地上，有些变形，有些晃动。忽然，他站起身来，叫来侍卫，吩咐："立刻带上和氏璧，连夜出发，从小路返回赵国！"

"那先生您呢？"侍卫似乎也从蔺相如严肃的面孔中感受到了紧张，他的声音有些颤抖。

"不要管我，我自有对策！和氏璧一定要安全送回赵国，决不能落在秦王手中！"蔺相如说。

4

五天里，秦王根本就没有斋戒，不是不能，而是不想。他日夜和群臣饮酒作乐。宴会上，他们谈起和氏璧和蔺相如。有一个大臣不解地问秦王："和氏璧并没有特殊之处，不过是一块美玉，大王为什么要用十五座城池换它呢？"秦王笑而不答。其他的大臣都笑那个人愚钝。有些事情是不能说透的，只能意会不可言传。其实，大多数人都懂得秦王的心思，他绝不会用城池换一块玉石的。对于一个心里只有土地的国君而言，和氏璧和其他的玉石没有区别。他之所以写信给赵王，不过是一种政治策略。他想试探一下赵国对秦国的态度，和氏璧仅仅是个漂亮的借口。他最想要的，绝不是一块美玉，而是赵国的土地。他之所以答应蔺相如要斋戒，那不过是做做样子。

五天之后，秦王派人去请蔺相如。

蔺相如来了。礼乐响起，钟鼓齐鸣。大殿上，台阶上，是排列整齐的礼官，九宾之礼依次进行。秦王及群臣态度庄重。然而，在蔺相如看来，这一切都不过是演戏。总导演是秦王，主角也是秦王，那些礼官不过是跑龙套的。所以，他不以为意。他耐心地等待这些礼仪结束，才缓缓地走上大殿。

秦王和大臣们都注意到了，蔺相如两手空空，他们一时没有反应过来，这个刚刚接受了大礼的人究竟干什么来了。秦王和他的大臣们都有点不知所措了。他们实在不敢想象，这个叫蔺相如的人还会做出什么超出他们想象的事来。

但蔺相如并没有给他们太长的时间去猜测，礼毕之后，没等秦王发问，他便先声夺人："大王，我必须告诉您，现在和氏璧已不在秦国；我已命人把它带回赵国，现在已经又回到了赵王手中！"

"你竟敢……"大殿之内，秦国的大臣们顿时群情激奋。这边隆重地举行仪式，而和氏璧却已经不在了。他们觉得这个玩笑开得有点大，恨不得冲上去把蔺相如碎尸万段。但蔺相如并没有理会他们，仿佛他们都是空气。他的眼睛只盯着秦王。

秦王强压怒火，一字一顿地问："我已经按照你的要求做到了斋戒五日，完成了九宾之礼！你也应该实现你的诺言！而现在，你竟然违背诺言，为什么？"最后一句，是质问，更是威胁。他真的不敢相信，自己心心念念的和氏璧已不在这里；他更不敢相信，这个卑微的使臣竟敢这样无视他的权威。他一直都以为猎物就在手中，没想到，竟然被猎物耍了。

蔺相如早已料到秦王会这样诘问，五天来，他无时无刻不在思索这一天会发生什么。他早已做好了最坏的打算。但现在，秦王的表现并没有朝最坏的方向发展。那些大臣都跃跃欲试，秦王并没有理会；那些虎狼之士就在殿外，秦王并没有召他们上来。他知道，自己已经达到了目的，对手猜不出他究竟要打什么牌，所以，他变得更加镇定自若。因为，眼前的变化正朝着他预设的方向走，这就是胜利的开始。秦王已经被激怒，但还在可控的范围之内，他还保持着一个国君的体面。那么，现在应该做的是，继续激怒他。

他改变了语调，没有了最初的谦恭，而是字字带刀，句句带刺："大王，这实在不应该怪我，而应该怪您自己。因为，这都是大王您和您的祖辈给世人留下的印象。在世人眼中，秦国从缪公开始一直到大王您，从来就没有一个信守盟约的。你们总是前面说，后面忘；人前说，人后又忘。你们似乎只是对自己信守承诺，而对别人，永远只有欺骗。这绝不是我一个人的偏见，而是天下人的共识。不是别人不愿意相信秦国，而是秦国总自己破坏自己的形象！"

"住口！"群臣再次想打断蔺相如，武将们都已横眉立目，双拳紧握了。那些殿外侍立的武士，刀剑早已出鞘，只等秦王一声令下，便冲上来把蔺相如碎尸万段。

秦王铁青着脸，并没有发出命令。只是，他的手已经挂到案几上，身体在抖动，案几上的酒樽也在微微颤动。

"我之所以这样做，并不是有意欺骗大王，实在是因为我不敢冒被大王欺骗的风险啊！因为，我不是代表我自己，而是代表整个赵国。一个国家不能被另一个国家白白地欺骗，这是原则，更是立场！现在的情况是，我已经派人带着和氏璧从小路回到赵国，这里只剩下我一个人。在此之前，赵国已经按您的要求把和氏璧送到了秦国，所以，欺骗您的不是赵国，也不是赵王，而是我蔺相如。所以，是砍头还是下油锅，任凭大王处置！"蔺相如说得有理有据、大义凛然。

"杀了他！"群臣喊。殿外的武士听到喊声，都冲到门口。然而，没有秦王的命令，他们仍然不敢进殿。

秦王不语。他的眼睛依然死死地盯着蔺相如，但眼里的杀气已经不在。蔺相如的话像箭一样飞过来，射中他的心脏，让他愤怒，让他窒息，同时又让他羞愧难当。他心里明白，蔺相如的话虽然刺耳，但却一语中的，因为，他的祖辈和父辈的确没有信守过承诺，他也没有。然而，又有哪个诸侯一直信守承诺呢？他想为自己辩解，却又找不到合适的理由。所以，只能继续沉默。

蔺相如明白，秦王的沉默便是最大的转机。于是，说话的语气也不再锋利，而是婉转了许多："大王想得到和氏璧，其实并不难！和赵国比起来，秦国要强大百倍。只要您信守用十五座城池换和氏璧的承诺，赵王又怎敢不把和氏璧献出来，又怎敢因为一块美玉得罪大王呢？我说的都是肺腑之言，还请大王及诸位大臣斟酌！"

"杀了他！"只有一个声音从人群中传出来，没有应和，没有回应，单薄的声音在空旷的大殿里颤悠悠地响，很刺耳，很滑稽。

别的大臣们都不敢轻易发声，秦王知道，棋下到这一步，他已经输了，且已无力逆转，只能在承认输的前提下挽救一下脸面了。他劝慰自己，也是劝慰群臣说："事情到了这种地步，杀了蔺相如也得不到和氏璧。况且，蔺相如说得对，赵王不会因为一块美玉得罪秦国。我们也不会让一块美玉破坏两国的关系。我们应该做的，是好好款待蔺相如，让他成为两国交好的使者，让两国的友谊世代相传！"

群臣像是得了赦令，一齐欢呼起来。于是，大摆筵宴，音乐再起，又一片歌舞升平。秦王的心情糟糕透顶，但必须把戏演下去，因为，这是他一手策划的剧本。没有人再提和氏璧的事情，仿佛它从来就不曾存在过。他们只是在举行普通的邦交之礼，没有先前的波折和不快。然而，蔺相如分明在秦人的眼光中，感受到了太多的敌意。不过，他并不在乎。因为，他是赵国人，他已经完成了自己的使命，秦人的敌意，那是再正常不过的事情。

就这样，蔺相如无限风光地被送回了赵国。赵王非常高兴，认为他处事得体，不辱使命，加封他为上大夫。

在蔺相如的庆功宴上，缪贤表现得比蔺相如还要兴奋，他四处敬酒，不久便醉了，醉倒后还不忘四处说"我没有看错人"。没有人在意缪贤。许多人都举着酒杯赞美蔺相如，犹如众星捧月。但蔺相如并没有因为从门客成为上大夫而飘飘然，他始终都是彬彬有礼、谦逊有加。廉颇坐在自己的座位上，并没有主动上前敬酒。他隐隐地感觉到一点失落，又说不清这点失落从何而来。但他对这个刚刚完成使命的人有一种特殊的感受，他觉得这个人不简单，是个人才；他还觉得，这个人与众不同。

渑池之会

1

送走蔺相如，秦王和群臣都觉得郁闷，心有不甘，但又的确想不出该怎样出这口恶气。对于秦王来说，慢说十五座城池，一座城池都不会拱手相让的。一块美玉，那不过是一件饰物，它不是国家的根本。他最想得到的还是赵国那千里沃野。但眼下，廉颇刚刚取得阳晋大捷，赵国的势头正旺，他需要避其锋芒。和氏璧的事情就算一个小插曲吧。从此以后，秦王再也没向赵国提起要用十五座城池换取和氏璧。和氏璧当然也就留在了赵国。

但这只是暂时的和平。没过两年，秦王便派兵攻打赵国。秦国大将白起攻占了赵国的石城（今河南林州），第二年，又攻打赵国，并斩杀赵军两万人。邯郸震惊，赵王每日担心。但后来，因为廉颇等诸将的抵御，秦国的攻势才算被遏制了。但秦军陈兵于国门之外，还是让赵王寝食不安。

从声势上看，秦国似乎占着上风。如果相持下去，秦军长途奔袭，有太多的后顾之忧；而赵军却是在家门口作战，再加上赵国士兵的顽强和廉颇的勇猛，形势翻转也未可知。尤其是，其他国家都在观望，都盼望秦赵两败俱伤，他们好趁机获利。随着时间的推移，局势似乎也越来越明朗。

秦王有些焦虑了，他召集大臣商议，想一个什么办法，才能让赵王上当受骗，实现秦国速战速决的战略意图。一个大臣提议说："大王可以选一个对我们有利的地方，然后，派人请赵王来赴宴。表面上是两国国君商议和平大计。等到赵王一来，我们便控制住他，主动权就在我们手上了。到那时，或是逼迫他割地献城，或是干脆杀死他，就全凭大王意愿了！"

秦王的眼睛一亮。他觉得，这是一个可行的计策。于是，他写了一封信，告诉赵王想在渑池（今河南渑池）举行宴会，请赵王赴宴，共商两国之事。信里的话看似平常，甚至还有些油腻的抒情，但所有人都能看出来，那不是商量，而是命令和威胁。

赵王把信给大臣们看了。一时间，空气仿佛凝结了。这可不是一般的私人会面，而是关系赵王性命和赵国命运的大事。这不同于蔺相如出使秦国，而是国君亲入虎穴啊。没有人敢轻易说出自己的意见。廉颇和蔺相如都站在那里，脸色凝重。

良久，才有大臣怯怯地说："这恐怕是秦王的奸计，大王万万不可冒险啊！"

此语一出，人们才纷纷站出来劝阻赵王。但赵王仍然未决。

等大家差不多都表过态后，廉颇才站出来，大声说："众人都说不能去，这是出于对大王安全的考虑。但如果大王不去，便是向秦国示弱，赵国的颜面就丢了。所以，为了赵国的利益和大王的尊严，臣觉得大王应该去！"

赵王看看廉颇，又看看群臣，这两种情况他都想过，都推测过结果。作为一国之君，他必须维护国君的尊严。他的心里其实已有朦胧的倾向，只是下不了决心，他需要的就是一股外来的力量，来帮助他最后实现这个决心。现在，廉颇的话激发了他内心的自信与荣誉感。

廉颇话音刚落，蔺相如也上前说："我赞同廉将军的主张，大王一定要去，因为这涉及国家的荣誉和大王的尊严。如果不去，赵国以后将如何面对诸侯，大王以后将如何面对天下人？这不是小事，而是关乎国体的大事！"

没等蔺相如说完，赵王便已挺直了身子。他觉得，自己已经下定决心了。而其他人，似乎也受了这二位的感染，都肃立静听，脊梁也不觉挺直了许多。

"如果大王决定去，臣愿意跟随前往，侍奉在大王左右！"蔺相如说。

"大王若去，臣请率军送行，在距离渑池最近的地方安营扎寨，严密监视秦军动向，也以这种方式告诉秦人，我们早有准备，让他们好自为之！"廉颇说。

这几句话就是最有效的定心丸。赵王终于打消了先前的顾虑，勇气倍增。他吩咐："众卿不要再多言，本王已经决定，由蔺爱卿陪同，即日启程，去渑池与秦王会面！国内之事，则有劳廉将军及众卿费心了！"

廉颇与蔺相如相视一笑。那一刻，他们的精神碰撞出了火花，而这火花，竟有燎原之势，让赵国上下同心、同仇敌忾。

2

送赵王去渑池的这一天，天气晴朗，然而，赵王和大臣们的心里却像压着一片乌云。赵王的车马缓缓而行，众大臣前呼后拥，仪仗如常。然而，所有人都知道，赵王此去，非同寻常，说不定就是生离死别。所以，一路上，没有人说话，大家都在默默祈祷。空气中凝结着悲壮之气。那些旗帜似乎也受到惊吓，低垂着，没有了往日的舒展与飘扬。

廉颇和蔺相如走在后面，一路上，他们一直在交谈。没有人知道他们谈话的内容。看到他们不时点头又不时沉默的样子，推测他们一定是在相互嘱托，相互激励。

到了边境，廉颇与蔺相如面对面站定，彼此抱拳。廉颇突然对着蔺相如深鞠一躬，低声说道："这一去，生死难料。我们期盼赵王一切安好顺利。在渑池，大王的安全就拜托先生了。希望先生时刻陪伴大王左右，决不能出半点差池！我期待，不日先生能随大王平安归来，廉颇定当备酒谢先生！"

蔺相如连忙也鞠躬答谢，他朗声答道："将军放心。此去渑池，相如早已把生死置之度外。相如虽然不才，但此心可鉴。我的生死事小，大王的安危事大。我就是拼上性命，也绝不许秦人辱我大王半分！我盼望回来能与将军把酒言欢。"

"一定！"

"一定！"

两双手紧紧握在一起。

临行前的酒已喝了几盏，赵王却迟迟不愿动身。他举着酒杯，依依不舍地望着群臣，望着身后的国土，感慨万千。群臣都举着酒杯，却无心喝完。他们脸上的悲伤让赵王于心不忍，他想和每个人都喝上一杯酒，说上一句安慰的话，却又不知从何说起。他只是不断地举杯，不断地点头示意。蔺相如站在他旁边，脸色冷峻如铁。

就在这时，廉颇忽然大踏步走到赵王面前，说："大王这一去，我估计会面和路上的时间加在一起，不会超过三十天。如果三十天过后，大王还没有回来，就请您允许我们立太子为王，以断绝秦国的妄想！"

廉颇的话说得凛然庄重，赵王的身体不觉哆嗦一下，但很快便恢复了镇定。他懂得廉颇话里的深意。虽然之前也曾做过最坏的打算，但此时听廉颇这样说，还是不禁悲从中来。他把酒杯交给侍从，动情地拉起廉颇的手，用力握着。许久，才说出一句话："我离开以后，赵国的事情，就仰仗将军了！如果真如将军所说，三十日后我没有回来，就依将军说的做！"说完这句话，赵王再也无法自抑，泪流满面。一直处于压抑状态的将士们也终于忍不住掩面失声。

廉颇和蔺相如见此情景，赶紧劝赵王上车出

发。他们知道，悲伤之情可以有，但绝不能蔓延，否则，送别将无法收场，悲伤将无法控制。关键时刻，这会扰乱人心的。而眼下，他们最需要的是人心、军心的稳定。

于是，在群臣的目送之下，蔺相如陪同赵王前往渑池。

赵王离开后，廉颇便开始调兵遣将，除了在邯郸四周派重兵把守之外，更是在边境构建了严密的防御工事，以防御秦兵突然来犯。他命令三军将士，马上进入一级战备状态，决不允许有丝毫松懈。

3

秦王在得知赵王将赴渑池之会后，有点惊讶。在邀请赵王的时候，他断定赵王是不敢赴约的，因为，普通百姓都知道，一国之君不能轻易离开自己的国家，更不能到敌对的国家去，尤其在两国正在交战之际，一去便凶多吉少。赵王难道是被秦国的气势吓傻了？他怎能如此轻视自己的性命，到渑池来会面？秦王没有想到，大臣们也没有想到。他们都曾预测过，赵王断不敢答应秦王的要求，他一定会想尽一切办法推脱的，哪怕因此而引发秦军更强的进攻，哪怕因此而失去更多的城池，哪怕因此在天下人面前留下一个懦弱的名声，因为，相对于国君的生命而言，那一切都不重要。然而，现在，赵王就要来了，就要和他们会面了。一时间，秦王和群臣竟然有些慌乱，他们还没有准备好如何对付他；但同时又有一点期待，他们想看看这个赵王究竟长着什么样的脑袋，敢只身闯龙潭虎穴。

在等待的那些天里，秦王一刻也没有闲着。他一面命人安排赵王及随从居住的地方，一面和大臣们商议酒宴的具体事宜，当然，最主要的是对付赵王的种种手段。没多久，一座高台便在渑池拔地而起，甚为壮观。秦王很满意。这座高台绝不仅仅是为迎接赵王，更是为了显示秦国的威力。他常常走到高台之上，站在中央，仰望天空，想象天下诸侯向他朝拜的样子。想着想着，便仿佛真的进入了那种虚幻的世界，便有了君临天下的飘飘然。

这一天，秦王正和大臣议事，有人来报，赵王就要到了。

听到这个消息，秦王竟然有些兴奋。他不是第一次和诸侯会盟，但这一次不同寻常。赵王和他虽然都是国君，但现在，赵王不仅仅是客人，还是某种意义上的囚徒，而他，是绝对的主人。把对方的命运攥在自己手中的感觉真的很快意。想到这里，秦王恨不得马上见到赵王，立刻行使他作为主人的权力，命令赵王臣服在他脚下，奉上赵国的一切。

从神游状态中回到现实，他旋即命令官员下去各自安排。

自从离开赵国，赵王便开始沉默寡言。他坐在车上，只是简单地问到了哪里、离渑池还有多远之类的问题。声音很小，不像是发问，更像是自言自语。蔺相如理解他的感受。他想起了自己当年出使秦国的经历，想起了秦王与他的大臣们看自己的眼神。当时因为情势所迫，他无暇顾及自身的安危，所以所作所为也就不计后果了。而现在，他要保护的不是一块美玉，而是赵国的国君，他更需要万分谨慎。他想宽慰赵王，又实在想不出该怎样宽慰。

远远地，秦王望见赵王的车骑和随从。他转身对大臣们说："赵王此行，不知是哪位大臣相随，有如此胆魄，我倒想看看。"

当赵王和蔺相如出现在大家视野中时，秦王及大臣们一下就认出了蔺相如，这个蔺相如留给他们的印象太深刻了。想当年，在咸阳，他当着秦国的君臣羞辱秦国历代国君的时候，他们就恨不得吃他的肉、喝他的血。但迫不得已，还是让他风风光光地完成了使命。直到他走后多日，提起这个名字，许多人还是恨得牙根痒痒的。而现在，这个让人头疼的家伙又来了，他们该怎样对付他呢？原来的计划是否还能顺利实现？是不是又让这个家伙牵着鼻子走呢？他们不敢往下想了。

秦王和赵王寒暄着，但眼角的余光却在蔺相如脸上。他笑得有些夸张，十分热情地试图挽起赵王的胳膊。赵王则有些拘谨，他避让着，在秦王身后，像个孩子似的被秦王扯着袖子往前走。

蔺相如看到这一幕，心里清楚，这是秦王的一种手段，他就是想看到赵王的失态，想看到自己的失礼。他看到了远处排列整齐的士兵方阵，看到了那闪着寒光的甲兵。这是秦王之所以骄傲的资本。然而，这是战场上的资本。酒宴上，这只能是背景。在最终的较量中，最有效的不一定是最锋利的武器，而是智慧和胆魄。

大帐中，酒宴早已摆好，山珍海味，玉液琼浆。进入大帐，宾主落座。蔺相如和秦国的重臣陪侍在两旁。一时间，钟鼓响起，琴瑟和鸣，歌姬翩翩起舞，水袖飞扬。

秦王率先举起酒杯，对赵王说："感谢赵王能亲自来到这里！秦赵两国，世代友好。今日，两国国君共聚渑池，共商大计，叙谈过去的友谊，并一起开创秦赵两国的万世之好！请赵王及诸位共饮一杯！"说完，一饮而尽。众人也纷纷端起酒杯，齐声欢呼。

赵王放下酒杯，转头看了看蔺相如，发现他正在朝自己微微颔首。赵王马上明白了。待侍从斟满酒后，他也慢慢端起酒杯，对秦王说："感谢秦王的盛情！今日之事，正好见证两国的友谊。我也祝两国世代友好，永不相负，并祝秦王健康！"众人再次纷纷举杯。

酒过三巡，菜过五味，秦王突然对赵王说："我听说赵王擅长弹琴，今日宴会，宾主和谐，其乐融融，赵王何不弹奏一曲，以助酒兴？"大帐上一下子安静了下来。

赵王的脸色一下子变白了。他想推辞，但看到帐外士兵似乎正举着兵器准备闯进来，而秦王的脸也一点点阴沉起来，又有些惶恐。他转头看蔺相如，却见蔺相如凝眉端坐，不知在想什么。百般无奈之下，他只能点点头。

秦王见状，马上命人把琴抬到赵王面前。赵王犹豫着，迟疑着，但最终还是抬起胳膊，用手指在琴弦上轻轻拨了几下，声音又轻又涩。

然而，大帐里却沸腾了。秦国的史官不失时机地拿着纸笔走上前，边写边大声说："某年，某月，某日，秦王和赵王在渑池饮酒，秦王命令赵王弹琴！"秦国的大臣们一起举起酒杯，不是向弹琴的赵王，而是向秦王，再一次欢呼。秦王喜不自禁。

谁也没有注意到，蔺相如捧着一个盆缶快步走到秦王面前。他直视秦王，声音低沉而有力：

"我听说秦王擅长击缶，现在请大王也展示一下，为宴会助兴！"

秦王勃然大怒。他没有想到，这个蔺相如又一次让他陷入尴尬的境地。刚刚还在欢呼的秦国大臣也都愣在原地，脸上的笑容一下子僵在那里。没有一个人注意到蔺相如是什么时候站起来，什么时候拿到盆缶，又是怎样走到秦王面前的。当他们意识到秦王已被蔺相如激怒的时候，一切都已晚了。大帐内一片沉默。

秦国侍卫最先反应过来，他们一拥而上，想抓住蔺相如。但蔺相如突然转身，从胸腔深处发出炸雷一样的怒吼，震耳欲聋。那些人不觉打了个激灵，像被人施了定身法一样原地站住，不知所措。蔺相如马上回身，又向前迈出一步，对秦王说："现在，我和大王之间的距离不到五步，大王如果不答应我的请求，五步之内，我头颈上的鲜血就会溅在您的身上了！"

秦王看着被蔺相如吓退的侍卫，看看瞠目结舌的大臣，看看面露惊恐之色的赵王，再看看面前像狮子一样的蔺相如，他的呼吸有些急促。他已经

蔺相如悲壮地说："大王如果不答应，我头颈上的鲜血就会
溅在您的身上了！"

领教过这个蔺相如的手段了。眼前这个人不怕死，他什么事情都干得出来。秦王的脑子里乱糟糟的，但有一点是清晰的，那就是，性命要紧，他不能冒险。于是，他故作轻松地朝众人摆摆手，拿起筷子在盆缶上敲了一下。

蔺相如马上站起身，回头招呼赵王的史官："请记下：某年，某月，某日，赵王和秦王饮酒，秦王为赵王击缶！"

看到蔺相如又成功地为赵国挽回了尊严，秦国的大臣们都觉得自惭形秽。他们需要做点什么，为刚刚陷入尴尬的秦王，也为他们自己。酒宴还在继续，但因为刚刚发生的不快，有点冷清。于是，有秦国大臣站起来，有点挑衅地喊道："今日宴会，是秦王宴请赵王，请赵王送十五座城池，作为给秦王的献礼！"秦人纷纷响应。

蔺相如马上回应："赵王远赴秦王宴会，尊敬乃待客之道，请秦王把都城咸阳作为献礼送给赵王！"

于是，又是一番唇枪舌剑。秦人虽多，但蔺相如从容应战，言辞犀利，以一敌十，毫无惧意。秦人占不到一点便宜。酒宴就在这样的状态下不欢而散。

到了馆驿，赵王动情地对蔺相如说："今日宴会上能不受辱，全仰仗先生了！回去以后，定当厚赏先生！"蔺相如连忙跪下，对赵王说："相如此来，就是保护大王，这是我的职责所在。大王能逢凶化吉，这是赵国的福分，也是大王的福分啊！我只盼望渑池之会大王能平平安安。赏赐之事，臣万万不敢有非分之想！"

秦王和大臣们密谋到深夜，但谁也想不出对付蔺相如的办法。杀了蔺相如，扣押赵王，这都不是上策，而且会让秦国的名声受损。送赵王回国，他们又心有不甘。尤其是那个蔺相如，如果再次让他这样毫发无损地回去，真的让人难以接受。然而，又能怎么样呢？廉颇的军队就驻扎在边境，严阵以待，秦军没有任何机会。这是他们早已知道的情报。

"罢了！"望着愁眉不展的大臣们，秦王最终说："今日之形势，扣押或杀了赵王，时机都不对。廉颇陈兵边境，我们也没有机会。为了长久利益，还是善待赵王，让渑池之会友好地结束吧！"

负荆请罪

1

渑池之会结束后，赵王只想尽快回到赵国。在渑池，他深深感受到了秦王的贪婪与狠毒，感受到了秦王对赵国的野心与垂涎。那些日子，白天他强装笑颜，夜晚则彻夜难眠。他感到处处是危险，从秦王到士兵，无时无刻不在给他传递这种信号。他觉得自己之所以能侥幸离开渑池，都是蔺相如之功。在酒宴上，多少惊险，全凭蔺相如一人以惊人的勇气与胆识化解。是蔺相如让他在秦人面前保住了作为国君的最后一点尊严。

到了边境，望见廉颇的大营，赵王一直提到嗓子眼的心才终于放下来。他对前来迎接的廉颇说：
"廉将军，终于见到你了！这一趟渑池之行，真的是两世为人啊！我们能安全回来，全是相如的功劳。"

回到邯郸，赵王召集群臣，说起渑池的经历，赵王仍然心有余悸。"这一次，我是真正感受到了人在屋檐下的屈辱。想起那些天，我真的有种劫后余生的庆幸啊！多亏蔺相如，在渑池临危不惧、誓死力争，才让我保持着作为国君的尊严啊！"最后他宣布："从今日起，拜蔺相如为上卿！"

廉颇一听到赵王说要拜蔺相如为上卿，地位还在自己之上，他的脸色立刻变了。他不敢相信自己的耳朵。他四下望望，却发现大臣们都在热烈地向蔺相如表示祝贺。蔺相如被人们围在中央，频频拱手致谢。现在，蔺相如的地位比他高。他的内心翻江倒海五味杂陈。

蔺相如即使被众人围在中间，仍然能强烈地感受到廉颇的情感变化。看到廉颇一个人站在原地落落寡欢的样子，蔺相如竟有些难过。他想走到他身边，握住他的手，告诉他说，他根本不在乎什么权力，他只想为国效力，和他心中一直都敬重的廉将军一起。但他被其他人的热情推着，离廉颇越来越远。

2

廉颇回到家中，越想越郁闷，越想越气恼。他找来门客，讨论这件事情。一方面，他真的敬佩蔺相如的胆魄与智慧，能在秦王面前挽回赵国的尊严，的确很了不起；另一方面，他真的无法理解，就因为这一点，蔺相如的地位就能超过一个为国攻城拔寨、浴血沙场的将军。他想不通。

门客们七嘴八舌，他们都觉得赵王的做法有些欠妥，都觉得蔺相如有点名不副实，都觉得廉颇有点委屈。他们讨论的结果是：廉将军不能就这样忍气吞声！

廉颇终于被众人的话被激怒了。他一拳捶到案几上，愤愤地说："我廉颇作为赵国的大将，为国家长年征战、守土开疆，才有现在的地位；而蔺相如只不过凭借口舌之劳，地位竟在我之上。更何况，他原来不过是缪贤的一个门客，出身卑微。为此，我感到羞耻！"继而，又对众人发誓："蔺相如最好不让我看见，否则，我一定要当面羞辱他！"

门客们很快就把廉颇的话传了出去，蔺相如也知道了。但他不动声色，既不反击，也不回应。他只是时常推说有病不去上朝，不想和廉颇争位次。他心里清楚，有些矛盾需要时间去化解，无需急着去解释，越解释越糊涂，冷处理有时更有效。

所有的人也都在观望，这两个对于赵国来说举足轻重的人，矛盾什么时候才能缓解。

这一天，蔺相如外出，远远地望见廉颇正从对面过来。蔺相如赶紧告诉车夫："调转马头，避开廉将军，我们从另一条路走！"车夫不情愿地调转马头，嘴里嘟嘟囔囔地埋怨："廉颇是上卿，您也是上卿，况且您的位置比他还要高，为什么要给他让路呢？"蔺相如从车上回头看看远处的廉颇，长叹一声，然后便默不作声。

其实，廉颇也看到了蔺相如的车马，他的心怦怦直跳。当看到蔺相如的车调转方向走了，他有种轻松的感觉。他不知道自己这是怎么了：每天都在家里预演这样的场景，如今机会就在眼前，他为什么不打马冲上去，让蔺相如在大街上出丑？街上的人也都看着他。人们在交头接耳，似乎在传"蔺相如看到廉将军后躲了""还是廉将军厉害"之类的话。这似乎是他一直期待的声音，然而，现在真的听到了，却并不开心，反而觉得刺耳。

他就这样心事重重地回到家中。

3

蔺相如也听到了街上人们的议论，但他只是淡然一笑。他知道，这只是表面上的误会。以他对廉颇的了解，他不相信这种误会会持续下去。他觉得他们俩终有一天会尽释前嫌的。

就这样想着，不觉间已到了自己的府邸。蔺相如刚一下车，就被门客们围在了中间。他们已经知道了刚才街上发生的一切，也听到了人们的议论，对此，他们比蔺相如还要激动，他们一定要弄清楚，蔺相如究竟是怎么想的。

"蔺大人，今天发生的事情，我们实在想不明白，想请大人给我们解惑……"门客们簇拥着蔺相如。

蔺相如似乎早料到会有这一幕。他笑着说："诸位，我们总不能在大街上谈论这种事情吧！请各位随我至家中细说分明。"

众人自觉地让开一条路，看蔺相如迈进大门，也就慢慢跟在后面。

坐下后，蔺如相抿了一口茶，才缓缓地对众人说："诸位有什么想法，尽管说来，相如洗耳恭听！"

众人看到蔺相如的从容，一时竟不知如何应对，都默不作声。

良久，一个年长的门客拱手向蔺相如说道："大人，我们这些人之所以离开亲人来侍奉您，是因为仰慕您高尚的节义啊！可现在，您与廉将军的官位相同，他发恶言羞辱您，可您……"说到这里，他竟然哽咽到说不出话。

蔺相如和蔼地望着他，并不催促，只是轻轻点了点头。

"可您竟然如此胆怯地躲避他，这也太过分了。连我们这样的人尚且感到羞耻，何况是贵为卿相的您呢！我们不能为将军分忧解难，那在您身边也就失去了意义，还是让我们离开您吧！"

蔺相如听完，朗声大笑。

望着大家疑惑不解的样子，蔺相如收敛了笑容，他严肃地问大家："诸位以为，廉将军和秦王相比，哪个更厉害？"

"当然是秦王厉害了，秦王身为一国之君，有生杀大权！廉将军怎么能与之相比呢！"门客们异口同声地说，他们不知道蔺相如怎么会问这样的问题，这似乎和大街上刚才发生的事情没有一点关系啊。

蔺相如没等他们再问，接着说："诸位请想，以秦王的威势和残暴，我都敢在朝廷上呵斥他，羞辱他的群臣。我蔺相如虽然无能，难道真的会怕廉将军吗？"

门客们一下子被蔺相如问住了，他们一时语塞，都不知道该怎样回答。

"我之所以这样做，是因为我想到，强大的秦国之所以忌惮赵国，就是因为赵国有我们两个人在呀！如今两虎相斗，势不共存。如果面对廉将军的挑衅，我也针锋相对，最后两败俱伤，那不正好给秦国机会吗！我之所以再三忍让，就是因为把国家利益摆在第一位，把私人恩怨放在了后面。诸位还觉得我是胆怯吗？"

蔺相如说完，门客们都陷入了沉思。蔺相如考虑的不是个人的荣辱，而是国家的大局，这是他们没有想到的。他们之所以不理解蔺相如，那是因为他们的认识还停留在普通人的层面，想的更多的还是匹夫之勇。他们以一己之私，妄度揣测蔺相如的胸怀和抱负，这才是真正的羞耻啊！

于是，众门客纷纷起身，对蔺相如深施一礼："大人高义，我等无限钦佩！还请将军原谅我们的短视和唐突，就让我们继续侍奉在您的左右吧！"

蔺相如宽厚地笑笑："多谢诸位理解！"

4

当一位门客怯怯地把蔺相如的话告诉廉颇时，

他的脸一下子僵住了。连日来，廉颇一直处于一种莫可名状的失落中。他羞辱了相如，但自己也并没有因此而开心。而现在，蔺相如的话像一把刀子，一下子戳中他的命门。蔺相如说得对，先国家之急而后私仇，这才是大将军应有的胸襟。他终于明白，在羞辱了蔺相如之后，他为什么会闷闷不乐了，因为，自己的行为只是普通人的争强好胜，对于一个肩负着国家重任的将军，这是人格上的耻辱！想到这里，廉颇如坐针毡。他必须做点什么，向蔺相如谢罪。

他找来门客，想听听他们的意见。

当他说到想要向蔺相如赔礼道歉的时候，许多人都疑惑地看着他。他们不明白，廉将军怎么会有这么大的变化：前些日子还和蔺相如势不两立，现在，怎么就想到道歉了呢？

一位门客说："大人不必如此，蔺相如的出身毕竟不能和将军相比。找个合适的机会说一说也就可以了！"

另一个门客说："廉将军以后能和蔺相如和睦相处，便已经是给他天大的面子了，用不着大张旗鼓地谢罪吧！"

廉颇知道，这些门客还在维护他的面子，但他坚持说："我一定要向上卿蔺如当面谢罪！大丈夫知错必改！"

"明天，我要向蔺上卿负荆请罪！"说出这句话，廉颇觉得浑身上下轻松了许多。

门客们都惊呆了。他们知道，廉颇一言九鼎，他说出的话，不可能再更改。于是，大家也就不再多言。只是，那一夜，他们都无法入眠。他们商量着如何负荆请罪。

这一夜，廉颇早早就安歇了，这些日子以来，他好像第一次睡得那么沉、那么香。

第二天，用过早饭，廉颇郑重地脱去上衣，命人把一捆荆条绑在背后，然后，整理好衣冠，缓缓走出大门。

众门客跟在他的身后，每个人的眼里都饱含敬意。他们现在才有点明白廉颇此举的深意。

大街上早已轰动了，人人都知道廉颇要向蔺相如负荆请罪。人们不解，一个大将军，竟然以这样的方式道歉，是否也太隆重了？他们涌到大街上，想看一看廉颇把荆条绑在身后的样子。

众人挤在大街两旁，看廉颇走过。他们很奇怪，光着膀子的廉颇，脸上没有一点羞愧，却有一种凛然之气，让人不由得肃然起敬。

蔺相如早已得知消息。他早早地站在门口，谦恭地等待廉颇的到来。

远远地，廉颇看见蔺相如站在门口的台阶上，他犹疑了一下，但旋即又加快了脚步。

到了蔺相如面前，廉颇惭愧而又真诚地说："廉颇是粗鲁之人，一直冒犯将军，多有得罪，没想到您竟然如此宽厚。廉颇惭愧，请将军原谅！"

蔺相如也急忙还礼，动情地说："廉将军言重了，将军胸襟如此磊落，相如甚为敬佩！相如已备好薄酒，请将军到寒舍一叙！"

于是，两人相视一笑，相携走进大门。

家里，酒宴早已摆好。

蔺相如端起酒杯，对廉颇说："从渑池回来，就一直想和将军共饮一杯，没想到，今日才得偿所愿。我敬将军一杯！"

廉颇也端起酒杯："惭愧啊，我就因为一己之

廉颇肉袒负荆，到蔺相如家谢罪。

私，险些酿成大错，罪责在我，廉颇理应向您赔罪！"

"在渑池，多次听秦王与将士说起廉将军之名，我们能安全从渑池回来，也是因为秦王忌惮将军之名啊！所以，大王拜我为上卿，相如也实在愧不敢当。"蔺相如又说。

廉颇的眼眶有些湿润，他深鞠一躬，真诚地说道："将军处处顾全大局，我羞愧难当，从此以后，我二人当勠力同心，精诚合作，报效国家！"

两双手紧紧握在一起。窗外的阳光照在两人的脸上，都是一样的诚恳，一样的慷慨。

这一次廉颇负荆请罪，整个赵国都传开了。人们纷纷赞叹这两个人的高风亮节。就连赵王也深深被感动，他亲自宴请两人，向两人道贺，由衷地感慨："赵国有两位人才，实乃赵国之福啊！"

这一年，廉颇向东攻打齐国，大败齐军。过了两年，廉颇又攻下齐国几座城。随后，廉颇进攻魏国，也取得了胜利。而两人的关系，也成为佳话。

长平之战

1

公元前262年，秦将白起攻取了韩国的野王（今河南沁阳），切断了上党与国都的联系。韩王无奈，准备把上党献给秦国。但上党的新任郡守冯亭却不甘心这种城下之盟，他不想向秦国投降。他私下里派人去见赵王，想请赵王接收上党。他的目的很明确，就是不想让秦军轻易得到这座城池。他想借助赵国的力量来牵制秦军。

面对冯亭的使者，赵孝成王举棋不定。不费一兵一卒得到一座城池，他当然愿意，不过，他还是担心秦国会因为上党而与赵国结仇。他问群臣：

"我们该怎样答复冯亭的请求呢？"

平原君赵胜志在必得地说："冯亭想把上党献给赵国，那是因为他相信赵国的武力。现在，秦军虽强盛，但经过多次大战之后，肯定很疲惫。这对赵国来说是一个好机会。大王可以安然接受上党，谅秦军也不会轻举妄动！"

平原君说完，许多大臣都随声附和。

赵王点点头，又看看廉颇。

廉颇沉吟片刻，说："平原君所说自是不错。不过，这些年我们也常年用兵，如果秦军转而攻赵的话，我有点担心咱们仓促间不能应战啊！"

"那廉将军的意思是放弃上党了？"赵王的语气里有一些不满。

此时，赵奢已经故去，蔺相如也病重，廉颇知道没有人支持他了。他轻轻叹了口气，接着说："上党一定是要接收的。不过，我以为一定要考虑周密，派一上将去上党，同时做好迎战秦军的准备，这样才稳妥！"

"好！那就请廉将军率军去上党，我们静候佳音！"赵王听廉颇这样说，才又高兴起来。

廉颇率领赵军向上党进军。一路上，他的心情并不平静。从秦军的嘴里掏食，这本身就是冒险。秦军贪婪，这是世人皆知的事实，他们会看着到手的猎物落在别人手里吗？将近十年没有和秦军交兵了。正如蔺相如所言，这些年来，因为赵国有他们二位，秦国调整了战略。可是，现在蔺相如病重，他一个人面对秦军，突然有一种无力感。

2

　　秦王听说赵国要接受上党，大怒，立刻命令秦军阻击赵军。

　　廉颇的二十万军队，便在长平一带与秦军遭遇。让廉颇没想到的是，面对赵军，秦军并没有退却，而是先发制人，一上来便展开强烈的攻势，让廉颇一下子猝不及防。

　　秦军像海浪一样扑上来，一个个如狼似虎，赵军的阵形一下子被冲散了，许多士兵还没有反应过来，便已身首异处。廉颇见状，深怕赵军陷入秦军的包围，便急忙命令部队撤退。他一面挥舞大刀率军突围，一面大声呐喊鼓舞士气。赵国军队一边抵挡秦兵，一边恢复阵形，有序地撤退。

好不容易，赵军才甩开了秦军。廉颇长出一口气。他想到了来上党之前的担忧，现在终于应验了。他马上意识到，眼前的局势于赵军不利，现在绝不是正面迎敌的时机。当下的任务，是先安营扎寨，坚守阵地，不能轻易出击。

此时的秦军，已攻下了韩国几座城池，气势正盛。他们天天在赵军大营外讨敌骂阵，但廉颇毫不理会。他明白，此时，绝不是意气用事的时候。几十万将士的性命握在他手里，他不能冲动。面对秦军，一定要避其锋芒，以静制动。

他只是每日查看地形，指挥士兵依山建寨，加固工事，各营之间相互呼应，互为犄角，严防秦军的动向。在通往后方的道路上，他更是派重兵把守，以防粮道被秦军切断。

每一天，都能听到秦兵的鼓角和呐喊之声，而赵军的大营却一片寂静。每一天，秦军都会在阵前骂，他们骂廉颇是胆小鬼，骂赵军是缩头乌龟。每一天，秦军都像过节一样在阵前欢呼，听得赵国的士兵都捂住耳朵。但廉颇不为所动。

一些士兵暗暗抱怨，廉将军怎么变得这样胆怯了。

廉颇觉得，是该动员一下了。这一天，他把众将聚在一起，说："诸位对眼下的战事有何见解，请直言！"

"将军，赵王派我们来接收上党，可不是让我们在长平驻扎的。我们是否应该和秦军打上几仗，以鼓舞士气！这样整天缩在军营里，军心都有点浮动了。还请将军明察！"一名副将粗声粗气地说。看样子是憋了半天才说的。

"将军，我们请求出战，与秦军决一死战！"

"将军，我们不能躲在营寨里听任秦军侮辱，我们愿意死战！"

又有几个偏将激动地请战。

廉颇一皱眉，他转头看看其他的人，那些人也纷纷点头。

廉颇沉默良久，才长叹一声，对众将说："诸位的心情我理解。我何尝不愿早早和秦军决一死战，占领上党。可眼下，诸位是否想到，我们二十万大军长途跋涉，早已疲惫不堪。秦军已切断了咱们与后方的联系。况且，咱们的粮草供给都有些困难，又怎能轻举妄动呢！"

看到众将不语，廉颇继续说道："眼下，我们要做的，就是坚守，就是拖，消磨敌军的锐气，然后寻找有力战机，一举击破秦军！"

众将嘴上答应，但心里还是有许多不理解，不情愿。

"再有轻言出战者，斩！"廉颇突然提高了声音，斩钉截铁地宣布。在这个紧要关头，他的态度是关键。他不能拖泥带水，给将士们造成犹豫不决的印象。如果是那样，军心就真的不稳了。

就这样，两年多过去了。在这段时间里，廉颇除了巡视各军的营地，便是和副将们一起布防，就是不应战，任凭秦军在阵前骂阵。他不急不躁，似乎做好了长期驻扎长平的计划。赵军的将士们都憋着一口气，他们期盼廉颇能一声令下，他们就奋勇争先，让那些辱骂他们的秦军付出代价。而秦军，却在一天天的消磨中懈怠了。

3

　　廉颇在长平与秦军相持的时候，身在邯郸的赵王却有些坐不住了。他本来以为，上党很快就能归入赵国的版图。可现在，这一切看上去遥遥无期。于是，他找来平原君一起商量对策。

　　"廉颇在长平与秦军对垒，迟迟不肯出击，这样下去，上党还能得到吗？廉将军究竟是怎么想的？"赵王问。

　　"廉将军身经百战，他肯定不是畏惧秦军，应该有自己的理由吧！"平原君想起自己最初劝赵王接受上党的自得，脸上有些不自在，他迟疑地回答。

　　"可是，如果这样下去，不但上党我们得不到，恐怕国家还要陷入被动。现在，二十万大军一天的粮草开销巨大，如果这样下去，我们的国家就要被掏空了！"赵王很发愁地说。

　　平原君沉默了。他终于明白赵王担忧的原因了。前方打仗，后方钱粮，这就是战争。平原君心里清楚，赵王对上党，也对廉颇有点失去耐心了。

这不是好兆头。

"要不，我代大王去长平犒劳三军，借机查看一下军情，催促廉将军早日开战？"平原君望着愁眉不展的赵王问。

"看来也只有这样了！希望将军到达长平，促成廉颇早做决战的计划，争取早日接收上党！"

平原君赶到长平的时候，廉颇正在巡营，当听到探马说平原君来犒赏三军的时候，他有点发愣。前方没有胜利，赵王怎么会派人犒赏呢，更何况派来的不是别人，而是平原君。赵王是不是对自己的战术有些怀疑了，他闷闷不乐地想。

平原君见到廉颇，满面春风地说："廉将军经年率军在外征战，辛苦了！大王让我来犒赏三军，以助将军之威！"

廉颇连忙答礼："惭愧！在外多日，却未建寸功，有负大王厚望，是我的过错啊！"

随后，廉颇命人设宴，给平原君接风洗尘。

众将心里窃喜，一个个面露喜色。已经两年多没有饮酒了。与秦军对阵，廉颇严令禁酒。军令如山，众将都不敢违犯。现在，廉将军竟然破例摆酒，他们心里明白，这是因为平原君的特殊身份，如果是一般的大臣，断没有这样的待遇。

廉颇高声宣布："酒宴之前，我先说明，今日负责巡视的众将，滴酒不能沾！"

酒宴摆上了。廉颇先举杯，提议："众位将军，先让我们一起举杯，敬平原君一杯！"

平原君面带微笑，喝下一杯酒。但廉颇却没有把酒送到嘴边，他只是做做样子，又把酒杯放在案几上。

平原君见状，不解地问："廉将军为何不饮？"

廉颇欠身对平原君说："二十万将士的性命全在我身上，责任系之，廉颇不敢懈怠，请将军体谅！我请其他将军代我敬将军！"说完，用眼神示意那些将校们。

那些端着酒杯的将校们，听廉颇这样说，一个个笑逐颜开，殷勤地向平原君敬酒："将军身为贵胄，不远千里来到军前，请让我们敬将军一杯！"

平原君听到廉颇这样说，也就不再计较。他太了解廉颇了，平日里，他可以豪饮；但在军前，他说到做到。众将也是因为多日未喝酒，都有些兴奋，酒越喝越多，气氛也越来越浓。不一会儿，平原君便有醉意，倒在帐内睡着了。

廉颇见平原君醉倒，命人把他送到早已收拾好的大帐里休息。而他自己则又像平日一样，到阵前巡查去了。

平原君直到凌晨才清醒过来。连日行军，本已疲惫，再加上多喝了一点，他的身体有点软。但他还是挣扎着爬起来，睁着迷离的眼睛问侍卫："廉将军呢？"

"廉将军早已到各营去督促操练去了！"侍卫答道。

"廉将军天天如此吗？"

"是的，廉将军从未有一天懈怠，天天如此！"侍卫说。

4

平原君回到邯郸，向赵王细说了廉颇的情况。赵王有点失落，因为，平原君没有提到催促廉颇迅速出战的消息，他只是一直夸赞廉颇的纪律严明、治军有方。他在心里埋怨平原君，怎么就忘了去之前要说的重点了呢！

"这种相持究竟要等到什么时候才能结束呢？廉颇究竟在做些什么呢？国内的粮草还能坚持多少日子呢？"他的心里画满了问号。

他没有想到，他们的对手，也在想同一个问题。

自从秦军和赵军开战，秦王便一天没有轻松过。尤其是最近，他听到的都是让人丧气的消息。前方的战事没有起色，赵军坚守不出，秦军的进攻没有一点进展，大军已显疲敝之势；而后方，早有官员开始禀报，粮草供应出现了问题。这样下去，两军最后交战，结果就不堪设想了。

秦国的相国范雎看出了秦王的忧虑，他向秦王进谏："大王现在顾忌的，无非是廉颇，如果赵军换掉廉颇，那么秦军大胜指日可待！"

秦王闻言，沉吟道："可是，廉颇身经百战，通晓兵法，沉稳持重，长平之战能相持至今，全靠此人！赵王怎么会轻易替换他呢？"

范雎一笑，对秦王说："大王岂不知反间计？我们可以利用赵王的多疑和不满，派奸细到赵国散布秦军不怕廉颇的消息，赵王自会犹疑的……"

"如此甚好！那么，我们希望换谁呢？"秦王急切地问。

"我听说，赵国有一位年轻的将军叫赵括，此人是赵国名将赵奢的儿子，自幼熟读兵书，自视甚高。但我看来，此人只是纸上谈兵，并没有真正的本领。再加上年少轻狂，如果他代替廉颇，必定会改变廉颇的策略。那时候，我们再派白起与之对阵，这样，便可以稳操胜券了！"范雎说。

秦王大喜，即刻命令范雎全权办理此事。

范雎回到家中，招来能言善辩的门客，如此这般叮嘱一番，便派这些人悄悄去了赵国。

在赵国，这些门客专门找茶坊酒肆人多的地方，有意无意地说起长平之事，然后，再大肆渲染廉颇如何惧怕秦军，秦人又如何惧怕赵括。

没过几天，邯郸街头便传开了。人人都说秦人怕赵括，说廉颇不敢出战。

这话很快便传到了赵王耳朵里。两年多的时

间，赵王的耐心早已被消磨殆尽。他听到这样的传言，竟感觉沉闷的心里照进一丝光亮。

他召集大臣，说："现在邯郸到处都在传秦人不怕廉颇而怕赵括的事情，众位觉得如何？"

"坊间传言，应该不可相信吧？"平原君试探性地问。

赵王没有直接回答他，而是反问："民间传得沸沸扬扬，这难道是空穴来风吗？"

平原君见赵王有点生气，便低头不语了。他知道，赵王对自己那次长平之行并不满意，只是一直隐忍未发，此事正好是一个由头。

没有人再敢多言，因为，从赵王的日常言行中，他们早已听出赵王对廉颇已多有怨言，只是没有找到合适的机会和理由提出换将而已。现在，机会和理由都有了。他的心里或许早有决定了。

果然，没过几天，他就正式拜赵括为大将，让他前往长平代替廉颇。

听到赵王要命赵括替换廉颇,邯郸一片哗然,许多人都不敢相信自己的耳朵。这两年,他们虽然对廉颇的做法也有微词,但从来没想过会有人能代替他。

赵括的母亲听到这个消息,马上请求面见赵王。

她对赵王说:"赵括的父亲在世时便对我说过,赵括在谈论兵法的时候太过轻率,没有敬畏之心,这样的人不适合领兵打仗。因为他心里没有士兵的性命。还有,他得到大王的赏赐,不像他父亲那样分给将士,而是自己藏起来。他对待士兵傲气十足,士兵们都不敢正视他。这样的人,士兵怎会替他卖命。我怕他耽误了国家的大事,请大王三思!"

听到这些,赵王依然没有任何动摇。他对赵括的母亲说:"此乃国家大事,我自有主张,你就不要过问了!"

赵括的母亲见赵王如此坚决,也就不再坚持,只是请求:"既然大王已经决定,那我只请求大王答应我，如果赵括打了败仗，不要因为他的罪过连累我！"

赵王轻松地说："我答应你！"

抱病在家的蔺相如听到这个消息更是大惊失色。赵奢生前，就曾对廉颇与自己多次谈起过自己的儿子，说赵括的兵法只是理论上的，而不是实践中的，他只会兵书上的套路，根本就不知变通。知子莫若父。赵奢绝不会故意贬低自己的孩子，他的评价应该最中肯。再者，让一个从来没有独立作战经验的人去统帅千军万马，这可是关系赵国国运的大事，儿戏不得。于是，蔺相如拖着重病之身急匆匆去见赵王。

"听说大王要让赵括接替廉将军？"见到赵王，蔺相如大礼似乎都忘了，急切地问。

"相国身体欠安，还是在家养病，军国之事就不要操劳了！"赵王知道蔺相如肯定会反对自己的意见，于是冷冷地说。

"两军现在正处于胶着状态，双方的主帅熟悉地形和敌我双方的情况，临时换帅绝对是兵家大忌。况且，廉将军久经沙场，攻无不克，战无不胜，天下人谁人不知？这些年秦人一直不敢侵犯赵国，正是因为忌惮廉将军！而现在，大王却用一个初出茅庐的青年去替代廉将军，这难道不是自取灭亡吗？"蔺相如痛心地说。

"吾意已决，将军勿需多言！"此时的赵王就像鬼迷心窍一样，他的心里已经没有廉颇，只剩下那个被疯传是秦军克星的赵括。他很快传令，再派二十万军队，由赵括统领，前往长平接替廉颇。在他看来，赵括此去，一定会让赵军重振雄风，迅速结束旷日持久的相持状态，一举战败秦军，拿下上党。

蔺相如失魂落魄地回到家中，茶饭不思，只是仰天长叹："长平危险了，赵国有难了！"

6

赵括被任命为大将之后，常常想起自己的父亲，想起他曾告诫自己用兵要慎重。他想起母亲跑到赵王面前阻扰自己拜将，想起蔺相如哭谏赵王，他又觉得胸闷气短。他实在不明白这些人怎么会对自己有这样的偏见。他们没有见过自己带兵打仗，凭什么就觉得自己能力不行呢？他有点愤愤然。

他一定要打几场漂亮的仗，攻下上党，然后凯旋而归，让那些人收回自己的偏见，让他们刮目相看。

当军马集合完毕，赵括就在赵王等人的目送下离开了邯郸。

他的母亲没有送他。她躲在家里，暗自垂泪，暗自祈祷。

赵括看到浩浩荡荡的大军，他的心跳突然加速了。这么多的将士必须听从他的命令，想到这里，他不禁有些骄傲。他刻意沉下脸对将士们说："三军将士，火速前进，到长平与秦军决战。大王在等我们凯旋！"

接到邯郸的命令后，廉颇十分震惊。他做梦也没想到，赵王会替换他，更没有想到的是，来接替他的竟然是赵括。他当然知道赵括是赵奢的儿子，知道这个人的底细。他已觉察出将士们眼神里流露出来的迷茫，已经嗅到了空气中弥漫的不安。但大敌当前，稳定的军心就是一切。所以，他努力克制自己的情绪，让自己更加沉稳和自然。

　　然而，他手下的将士们却无法做到像他那样平静。两年多的时间里，他们越来越佩服廉将军的定力和胆识。他不是惧怕秦军，而是审时度势，在充分考虑和仔细分析两军的情况下确定的作战方针。随着时间的推移，秦军骂阵的气势越来越疲软，越来越无力；而赵军上上下下却都憋着一股劲儿，就等时机一到，廉将军一声令下，便会以排山倒海的气势，冲垮秦军的阵地。可现在，赵王竟然要强行换帅。他们实在想不通，更为廉颇鸣不平。

　　"廉将军，您得向大王建议啊！此时我军在您的带领下上下一心，众志成城。如果突然换将，军心肯定浮动，于大局不利。为三军将士考虑，廉将军万万不可轻易交出指挥权啊！""我们得向大王表明态度啊！"众将群情激奋。

　　"诸位，无须多言，大王既然命令已下，我们不可违命！为赵国千万将士的性命考虑，为国家利益考虑，请诸位务必团结一致，辅助赵括将军，共同对抗秦军。拜托大家了！"廉颇动情地对众人拱手致谢。

在大帐前，赵括突然紧张起来，他不知道该以什么样的姿态见廉颇，是替换他的大将，还是晚辈呢？他惴惴不安地走进大帐。看到廉颇端坐在帐内，眼睛深邃。他轻声说："赵括奉大王命，来长平指挥三军，还请廉将军指教！"

廉颇没有说话，他注视着赵括，说："赵将军奉大王命令来长平，我早已知道。廉颇谨遵大王之命。只是，我希望赵将军千万不要贸然进军，还是应该熟悉情况以后再做决定吧。尤其是粮道，务必要派重兵把守，这是关乎三军将士命脉的地方！"他的语气深沉而舒缓，却似有千斤之重。

赵括不敢反驳，只是频频点头。但心里却觉得廉颇突然老了。他希望廉颇赶紧离开。

廉颇似乎看穿了赵括的心思。他不再多言，只是向众将拱了拱手，然后，大踏步离开大帐。

终于送走了廉颇，赵括长长地出了一口气。

7

廉颇离开长平之后，赵括马上改变了廉颇的策略，对那些坚持贯彻廉颇战术的将领也都全部撤换。他态度坚决地说："大王之所以派我来，就是要改变保守的态势，转守为攻，速战速决。我不能辜负大王的厚望！"

于是，赵军在赵括的带领下，开始主动出击。可是，因为不熟悉地形和两军情况，几次都是铩羽而归。这一下，赵括慌了。他没有想到，按照兵书上排兵布阵，在秦军面前竟然一点也不奏效。面对瞬息万变的战况，他束手无策。于是，再也不敢出击，而是整日缩在大帐中对着兵书发愣。

而此时，秦王在得知赵军把廉颇换成了赵括后，欣喜若狂。他马上命令名将白起寻找有力的战机，向赵军展开最后的进攻。

白起得到命令，快速调动部队，偷偷地完成了对赵括的包围，并出其不意地切断了赵军的粮道。

这一日，赵括正在帐中对着地图发呆。探马来报："将军，大事不好，秦军袭击了我军驻守粮道的部队，现在，我们和后方的通道被堵死了！"

赵括闻言，脸色一下子变得苍白。此时，他才突然想起廉颇临行前对他的嘱咐，让他千万要保住粮道及与后方的通道。当时他只觉得不耐烦，此时，他才真正意识到了危险。可是，一切都来不及了。他跟跟跄跄地冲出大帐，失神地望着众人，一句话也说不出来。

已经一个多月了，赵括度日如年。每一天，都会有兵士来报告，秦军又在哪里活动，赵军又被切割成了几块。更让他濒临绝望的是，现在军中的粮草马上就断了。而他，却只能坐在这里，恍然若失。

军营内无米可炊，战马无草可喂。断粮已经四十六天了，甚至出现了士兵们相互残杀为食的状况。赵括失神落魄地问众将："我们该如何是好？"

没有人回答，他们似乎早就预料到会有这一天。自从第一次出击失败后，这些将士们便有一种不祥之感。现在，所有的人都表情凝重，似乎已经嗅到了空气中的死亡气息。

断粮这么多天，赵军的将士都形销骨立。

望着走路都打晃的将士们，赵括知道，如果再不突围，将士们都得饿死。最后下决心的时候到了。

这一天，他召集众将，悲壮地说："赵括无能，连累三军将士到了绝境，但我们绝不能坐以待毙。我们一定要突围！"

众人无声。不是不想应答，而是无力应答。

就这样，一群衰弱疲敝的士兵在赵括的带领下，毫无阵法地冲向秦军，就像是一群瘦弱的羊误闯进凶残的狼群，没有呐喊，只有急促的呼吸和惊恐的眼神。

秦军弓弩齐发，赵括开始还能用兵器拨挡，但很快便失去了力气，身中数箭，倒地身亡。到处是刀光剑影，到处是鲜血飞溅。

战斗没有进行多久，胜负便见分晓。赵军太虚弱了，他们几乎跑不动，举不起兵戈，就像待宰的羔羊那样，眼睁睁地看着秦兵把兵戈刺进自己的胸膛，然后倒在血泊中。很快，四十余万赵军便成了白起的俘虏。

一群衰弱疲敝的赵军在赵括的带领下，毫无阵法地冲向秦军。

8

如何处理这四十余万赵军，的确是个问题。让他们投降加入秦军，似乎不太可能；把他们放回赵国，又似乎不合常理。秦赵交兵，每每各有胜负，赵国士兵尚武好斗，是让人头疼的敌人。如果放回去，那将是放虎归山，后患无穷。想到此，白起的脸上忽然浮现出一种狰狞的笑容。

"即刻命赵国的士兵挖一个大坑！"白起大声命令传令兵。

赵国的士兵已经放下了武器，但这绝不是他们的本意。他们只是身体太虚弱了，虚弱到稍一运动便头晕目眩，眼前发黑。他们举起刀戈，似乎更像是一种表演。刚刚冲出大营，许多人便昏厥倒地。所以，他们甚至都不明白发生了什么就成了秦人的俘虏，就像刚刚睡了一觉，醒来便成了手无寸铁、任人宰割的阶下囚。

大坑挖成了，犹如地狱张开幽深的嘴巴，让人不寒而栗。黑暗的大幕徐徐拉下，长平之夜，伸手不见五指。

廉颇回到邯郸之后，闭门不出。但他时刻在关注前线的战报。当他得知，赵括在几次冒然出击后损失惨重，他仰天长叹；当他得知，赵括已改了他的阵营、撤了他的旧部，他顿足捶胸；而最后，当四十余万赵军尽被白起坑杀的消息传来，他只觉得天旋地转，他口吐鲜血，昏迷不醒。

邯郸之围

1

赵括战死，四十余万赵军被白起坑杀。这个消息传到邯郸，举国震惊。

赵王连着几天不说一句话。他把自己关在屋子里，谁也不见。

大臣们则失魂落魄地聚在大殿外，他们的喉咙发干，嗓子嘶哑，谁也不敢想象四十余万赵军被坑杀的惨象。他们的耳朵里灌满了绝望的哭喊声，这让他们方寸大乱。

而邯郸城内，日夜都有哭声传来。丧夫丧子的人家，竟有连日不食者，只是哭，哭声凄厉，听者也跟着心酸。

那几日，邯郸城内冷冷清清，街上行人寥寥，商铺无人光顾，只有那哭声，弥漫着整座城池。

但战争还在继续。不久，又有消息传来，秦军已集合完毕，正准备进犯赵国。

而赵王，在丧失了四十万精锐部队之后，早已失去了斗志。没有办法，他只好向秦王割地求和。

痛定思痛，赵国君臣终于开始直面现实。他们意识到，长平之战，肯定不是秦赵之间最后一战，它只是开始。更为残酷的战争也许马上就来。他们不得不做好随时应战的准备。

差不多一年的时间里，赵国的士兵向邯郸集结，粮食源源不断地运往邯郸，而邯郸的百姓则日夜修缮城墙，加固防御工事。所有的人心里都清楚，秦军随时都可能进犯赵国，而邯郸城，是赵国最后的屏障，是最后的阵地，绝不能失守。

果然，长平之战第二年（前259），秦王以赵王没有兑现割地为理由，再次派大军攻打赵国，来势汹汹。秦军兵分三路，一路直取上党，一路陈兵边境，以防魏楚，而中路大军，则由王龁率领，直逼赵国的都城邯郸。

赵王听到消息，大惊失色。他马上召集众位大臣，任命廉颇为大将，率领赵国的将士备战。他真诚地对廉颇说："长平之战，我悔不该轻信传言，让赵括替将军，以至于四十余万赵国男儿惨遭坑杀！望将军能不计前嫌，以国家为重，担负起保卫邯郸的重任！"

廉颇当然知道，这是关系到赵国存亡的重任，但他没有一点犹豫，更没有推脱，而是慷慨赴任。国家利益至上，这是他始终信奉的原则。保卫赵国，是他责无旁贷的使命。

在三军将士面前，廉颇环视许久。他看到底下的兵士二三十岁的青壮年不到一半，而更多是四十以上的老兵和十几岁的孩子。他知道，因为长平之战，青壮年士兵损失殆尽，现在的部队多是临时组建，他们中的许多人甚至还没有经过正规的训练，便要迎战强敌。想到这里，他突然感到一股苍凉之气在胸中激荡。他悲壮地问："秦人在长平坑杀我赵国士卒，夺我土地，这是国恨家仇。如今，秦军再次集合几十万大军，向邯郸进犯，这是要将我们逼到绝境，我们应该怎么办呢？”

"我们誓死保卫邯郸，要秦军血债血偿！"将士们被廉将军的情绪点燃了，他们挥舞着手里的长戈，喊声响彻云霄。

"好！只要我们有赴死的决心和勇气，同仇敌忾，我们就能够战胜秦军，为死去的兄弟们报仇雪恨！"廉颇大声说。

2

誓师大会之后，廉颇便马不停蹄地在邯郸内外巡视，布防。他心里清楚，这一次虽然也是防守战，但绝对不同于长平。他们的军队元气大伤，已经失去了野战的条件。所以，他决定，放弃邯郸外围的城池，把兵力都撤到邯郸城内，利用邯郸坚固的城墙与严密的防守对抗来犯之敌。

秦军离邯郸越来越近，时间越来越紧迫。每一天，廉颇都在监督部队的转移；每一天，他都在查看粮草的囤积情况。他的身影，几乎遍及整个邯郸城。然而，他仍觉得做得不够。他时刻都在提醒自己，在任何一个环节上都不能有疏忽。一点疏忽便可以断送赵国的前途。这是必须要面对的现实。

这一天，他正在巡城，忽然想到了什么，便立刻去见平原君。

平原君见到急匆匆的廉颇，很诧异，他问："廉将军军务繁忙，到这里所为何事啊？"

廉颇没有客套，而是开门见山地说："邯郸城的保卫，差不多已经完成了。但是，现在的局势，仅凭赵国一国之力，恐怕难以度过这次难关。将军能否利用您的声望和关系请求魏国来援助呢？"

经廉颇这么一问，平原君说："确实是。我这就派人去魏国，请魏王出兵救赵！"

"将军最好也给信陵君写一封信，让他想办法促成魏王出兵。凭信陵君的声望，似乎更有把握吧！"廉颇说。

"廉将军考虑周到，我这就给魏王和信陵君写信。"

从平原君处出来，时值秋日，城外到处是即将成熟的庄稼。他心里一动。旋即命令，马上把城外的庄稼都砍光。因为，他无法预测这次守城会持续到什么时候，他不能眼睁睁地看着这些庄稼成熟后成为秦军的粮草。

成片的庄稼倒下了，大地更开阔，也更荒凉了。廉颇站在城上，坚毅地望着远方。他仿佛听到了秦军的马蹄声和号角声。

3

公元前259年，秦军很快就攻占了武安城。然而，进到城里，他们才发现，这几乎是一座空城。但秦将王龁却异常兴奋。他对手下的将士们说："长平一战，赵军全军覆没。现在的赵国，兵力疲敝。听到秦军到来，便弃城而逃，这是意料中的事。我相信，来日到邯郸，我们也会像现在一样，不费吹灰之力！"

王龁的情绪也感染着每一个士兵。一路上，他们几乎没有遇到抵抗，这样的进攻让他们无比亢奋。他们都希望，这样的势头能够持续，直到攻下邯郸城，高奏凯歌。

他们没有在武安停留多久，就以排山倒海之势包围了邯郸。王龁站在高处，看着秦军一座连一座的营帐和迎风飘展的大旗，看着一排排威武的兵士和雪亮的兵戈，他热血沸腾。

很快，秦军便已集结完毕，士气高涨。他们以为，邯郸肯定和武安一样，唾手可得。此刻就等攻城的命令了。

王龁攻城命令一下达，顷刻间，鼓声震天，呐喊声从四面八方响起。成千上万支箭射向城楼，遮天蔽日。云梯手在弓箭的掩护下迅速靠近城墙，手持短刀长戈的士兵像虎豹一样紧随其后。那一刻，邯郸城下，地动山摇。但邯郸城上却异常沉寂。

士兵已经踩在了云梯上。弓箭手停止了射击。因为，他们发现城上过于沉寂了，他们不知道城里究竟发生了什么。突然，城墙上冒出大量的赵兵，城墙的垛口处射出一排排的箭。他们呐喊着，朝秦军投掷石头，一时间，秦军尸横遍野、血流成河。

王龁这才意识到，赵军早有准备。但是，他并没有下令撤军。在他看来，赵军已经像困兽一样，坚持不了多久。

然而，没想到的是，城上的赵军竟越来越多。更多的秦兵倒在了城墙下。后面的士兵冲锋的步伐也慢了下来。

"收兵！"王龁明白，士兵们的斗志已经被赵军击垮了，他不得不下令撤退。

望着如潮水般退去的秦军，廉颇没有一点喜色。他知道，这仅仅是开始，更紧张更残酷的战事还在后面。他把队伍编成三队，轮流在城上站岗，并把那些善射的士兵组织起来，亲自指挥。果然，三更时刻，秦军又发动了大规模的攻城。秦军的箭射穿了城内的房屋。云梯手和步兵在火把的映照下，面目狰狞。然而，他们并没有能够靠近城墙，在赵军猛烈的反击下，只留下一排排的尸体。

几个月下来，秦军不分昼夜地攻城，但都损失惨重，士气一下子低迷了。王龁终于意识到，赵军绝不像自己想象的那样虚弱。有廉颇在，那些士兵便仿佛有无穷的力量。他们就那样日日夜夜站在城上，不知疲倦，时刻等待消灭来犯的敌人。王龁只好改变战术，围而不攻。

4

而邯郸城内，死伤的士兵已经没有地方安置，只能躺在大街上。百姓们早就发动起来，老人和孩子把箭从屋顶上拔下来，送到城上；女人们端水送饭，为受伤的士兵包扎伤口，把死者抬到别处。许多房屋都毁了，屋顶的瓦片都被当作武器扔下了城墙。许多人衣服单薄，在北风里瑟瑟发抖。但没有人哭泣，没有人呻吟。他们沉默着，脸上却有一种坚毅。廉颇每日巡视，看到那些或苍老、或年轻的面容，都忍着悲愤和痛苦，他心如刀割。

眼看就要过年了。城里的粮食已经严重不足。平原君和众大臣把自己家的粮食和布匹都拿出来分给士兵和百姓。但这只是杯水车薪。

"廉将军，我们还能坚持多久呢？"赵王问廉颇。

"大王放心，邯郸城内军民一心，众志成城。秦军损失惨重，已有退意。等魏国救兵一到，我们

许多人在北风中瑟瑟发抖。但没有人哭泣，他们沉默着，脸上却有一种坚毅。

里应外合，秦军必败！"廉颇安慰赵王。

"派去魏国的使者有消息了吗？"赵王又转头问平原君。

平原君说："魏王惧怕秦军，还在迟疑。不过，前段时间，我又派出去一名使者专门去见信陵君，让他想办法尽快劝魏王出兵。"

看到赵王失望的样子，廉颇想了片刻，说："大王，我想趁除夕之夜城内军民同乐时，把城内的锣鼓集中起来一起敲打，一是鼓舞士气，二是扰乱秦兵的军心。同时，派一股精锐之士，趁夜色突袭敌军，打击一下他们的气焰！"

赵王和平原君的眼睛一亮，不住点头。

除夕之夜，赵王和平原君坐在高台上，士兵和百姓都聚在下面。锣鼓响起来了。一时间，军民似乎忘了战争，都欢呼起来。几个月来，人们的神经绷得太紧了，这一刻，他们似乎才又回到人间，感受到了节日气氛。

在人们的欢呼声中，廉颇转向早已集结好的敢死队。

他举起一碗水，庄严地对众人说："今夜我们袭击秦军，就是要告诉他们，赵国的男儿不怕死；就是要告诉他们，赵国的士兵勇猛无敌！现在，我以水代酒，祝大家旗开得胜，马到成功！"说完，他端起水，一饮而尽。

众将士也都端起水碗，一饮而尽。

"出发！"廉颇把碗摔在地上。将士们也都把碗摔在地上，碎片横飞。

邯郸城内突然锣鼓喧天，这让城外的秦军着实吃了一惊。他们纷纷从营帐内跑出来，站在外面看。秦国将军王龁也赶紧穿好盔甲跑出来。看了许久，他们才意识到，这是邯郸在过年呢。王龁不觉笑了，城外大军压境，朝不保夕，赵军被困几个月，每天都有死伤，他实在想不出他们有什么理由乐得出来。他命令士兵，赶紧回营歇息，明天攻城。

邯郸城内终于寂静了下来。秦军也都失去了兴趣，纷纷回到营帐内。天寒地冻，北风呼呼地刮着。

赵国的敢死队悄悄地出城了。廉颇站在城楼上，望着这一群人无声地融入夜色中。

夜里，秦军的大营突然着火，火势借着风势，越来越大，瞬间，许多大帐都烧着了，火光冲天。秦国士兵从燃烧的大帐里跑出来。赵军的敢死队突然冲进来，他们并不呐喊，而是沉默如幽灵，但手里的刀却不沉默，砍瓜切菜一般，把那些仓皇逃窜的秦国士兵砍倒在地。

"赵军来了！"过了好长时间，像无头苍蝇一样乱跑的秦军才突然清醒过来，他们想反抗，可武器丢在大帐中，于是，只能边跑边喊。一时间，整个秦军的大营都惊醒了。将军们在大声命令，士兵们在紧张地集合。当他们终于列好阵形，天已经大亮。而赵军早已消失得无影无踪。仿佛刚才出现的不是赵国的士兵，而是死神。

从此之后，秦军的夜晚再也没有安宁。他们不知道赵军何时又会偷袭，便只能枕戈待旦。白天攻城受挫，身体疲惫，夜里又时刻担忧赵军袭击，不敢酣眠，秦军的士气渐渐低迷了。

5

廉颇和平原君坐在城楼上，望着外面秦军的大营，谁也不说话。因为，他们都知道，秦军已经换帅，又有援军不断赶来。而城里，粮草所剩无几。士兵每日都是定量供应，百姓多有饿死者。魏兵再不救援，邯郸恐怕真的守不住了。

一名老兵颤巍巍地走向廉颇，还没有走到跟前，便昏厥倒地。廉颇赶忙过去，把那名老兵扶起来。许久，老兵才慢慢睁开眼睛，望着廉颇说："将军，我的两个儿子都死在了长平，我恨不能生吃秦军之肉。我想请将军下令，让我们冲出去与秦人决一死战。这样困守，我们都会活活饿死的……"

廉颇鼻子一酸。这时，许多士兵也都围上来，纷纷说："廉将军，带我们冲出去吧，我们愿意死在战场上，不愿意这样被饿死！"

廉颇的眼睛模糊了。他知道，这是将士们的心声。他真该做最后的决定了。他转头看看平原君，平原君的脸上也满是泪痕。

正在这时，有士兵急匆匆从城下跑上来，气喘吁吁，但又兴奋异常："廉将军，刚刚得到消息，信陵君魏无忌已取代了魏军大将晋鄙，正率魏军进发……"

"什么？"廉颇和平原君同时站起身来，他们似乎不相信自己的耳朵，死死地盯着那个士兵。

"魏军快到了！"那个士兵大声喊了出来。

一时间，城上的士兵都开始欢呼起来。

廉颇的眉头舒展了，他瞪大眼睛，声如洪钟："传令下去，让将士们饱餐战饭，随时准备杀出去！"

"救兵到了！"传令兵高声喊着，跑下了城楼。瞬间，邯郸城内便沸腾了。百姓们纷纷跑上街头，菜色一般的脸上终于有了笑容。多日来的阴霾之气，一扫而光。

魏军在信陵君的指挥下，向秦军展开强大的攻势，很快就打到了邯郸。秦军腹背受敌，人心惶惶。此时的赵军，根本不用动员。他们虽然衣衫褴褛，骨瘦如柴，但斗志昂扬。廉颇坐在马上，心潮起伏。那一刻，他想到了长平，想到了赵括，想到了四十余万被坑杀的兵士。突然，他大喝一声：
"三军将士，我们为长平的士兵报仇雪恨的时候到了！"

　　号角响起，廉颇率领大军从邯郸城里冲出来，魏军也从外面向秦军的方向冲去。秦军大乱，队伍很快就被冲散，首尾不能相顾，四处逃窜。但不管跑到哪里，似乎都能碰上像虎豹一样的赵军。所有的赵国士兵都杀红了眼睛，他们嗷嗷地叫着，扑上去，那样子就像饿久了的狼群看到了猎物。

　　在邯郸城南驻防的秦国将领郑安平率领的两万人，被赵军包围，粮草断绝，不得已投降了赵军。秦军全面崩溃，被迫撤到河西。而赵魏联军，则一路挺进，收复了河东。

　　秦军终于退去了。邯郸城外，尸横遍野，到处是破碎的旗子，沾满血迹的帐篷，到处是受惊的战马和战车的残骸。赵国的士兵在打扫战场，把地上的刀戈堆放到一处。阳光照在兵器上面，闪出刺眼光芒。廉颇看着这一切，恍如隔世。

　　见到信陵君，廉颇一揖到地："公子高义，救赵国于危难之中，廉颇无限钦佩！"

信陵君慌忙答礼，说："久闻廉将军大名，今日相见，三生有幸！"

信陵君把魏军交给副将，便与廉颇相挽着走进邯郸城。平原君早已迎出来。

看到邯郸城内萧条破败的样子，信陵君感慨万千，他对平原君和廉颇说："这一战，邯郸得以保全，足可见赵国军民的不屈之志了！"

6

邯郸之围解除不久，廉颇便向赵王建议，应该立刻补充兵源，抓紧时间训练。他忧心忡忡地说："赵国经历长平和邯郸两次大战，损失惨重，军队中老弱病残者太多。如果不及时扩充部队，再有敌国入侵，恐怕就难以应战了。大王不可不早做准备！"

赵王点头说："那就有劳将军了！"

公元前251年，燕国相国栗腹突然携百金出使赵国，为赵王祝寿。栗腹回国后，廉颇便对赵王说："我看栗腹这次来，名义上是祝寿，实际上是来探我方虚实，大王不可不防啊！"

"将军何出此言？"赵王很惊讶。

"栗腹在邯郸的三天里，在朝廷上面露傲色，私下里却一直在邯郸四处察看，这绝不是一个使臣的行为，他一定是另有企图。"廉颇说。

赵王无语。

果然，没过多久，边境便传来消息，燕王拜栗腹为将军，带领几十万大军分两路向赵国进发。

赵王得到战报，赶忙召集大臣们商量对策。他对廉颇很是佩服，说："将军料事如神，还请将军率军迎击！"

廉颇说："即使没有大王的命令，我也想请缨出战。一个栗腹，何足惧哉！让我替大王斩杀他！"

赵王大喜，即刻命廉颇为大将，率军出征。

廉颇率领大军到了代地（今河北蔚县）。他对副将乐乘说："燕军人数虽多，但骄傲轻敌，再加上长途跋涉之后，人困马乏，我们可以采取各个击破的方法，歼灭他们。"于是，他命令乐乘率五万精兵坚守代地，自己率军八万迎击燕军主力。

栗腹听到廉颇到来，并不在意，他对手下的将士们说："廉颇虽然勇猛，但赵军却是疲敝之师。长平之战，赵国的壮年多被白起坑杀，他们的孩子还没有长大。所以，他们此来，不过是虚张声势罢了，不足为惧！"

他万万没有想到，赵军虽然有长平之痛，又遭受了邯郸之围，但赵国的士兵却因而生出一种悲壮之气。他们渴望杀敌，渴望复仇。不管对手是秦军，还是别国的军队，对他们来说都一样。他们需要用对手的鲜血祭奠赵军的亡灵。所以，两军刚一接触，赵军便如猛虎下山一样，冲进了燕军阵地，个个争先，人人向前。许多燕军还没有来得及举起武器，便成了刀下之鬼。栗腹大惊失色，正想逃时，被后面的赵军砍于马下。看到主将被杀，燕军更加惊惶，纷纷扔下兵器，望风而逃。赵军大获全胜。

坚守代地的乐乘听到廉颇大败栗腹的消息，也倾巢而出，迅速攻击燕军，俘虏了燕军大将卿秦。于是两军会和，乘胜追击燕军五百里，直入燕国境内，包围了燕国都城蓟。燕王震惊，慌忙派使者向赵国请和，并答应割让五座城池。廉颇才率军撤离燕国。

回到邯郸后，赵王设宴为廉颇庆功。宴会上，赵王感慨地说："赵国在经历了长平之败和邯郸之围后，好久没有打过胜仗了。这一次，廉将军大破燕军，真是振奋人心啊！"于是，封廉颇为信平君，相当于宰相。

冲冠一怒

1

廉颇任相国后，多次击退入侵敌军，名声大振。

赵国的军民提起廉颇，都满怀敬意。但有一个人看到廉颇的声望越来越大，却心有不甘，暗怀不满。白天，他出入朝堂，在赵王面前甜言蜜语；夜晚，他总是彻夜辗转，他的心里一刻也放不下廉颇。在人前，提到这个名字，他会曲意逢迎；在人后，听到这个名字，他恨得牙根都痒痒。他的脑子里总是浮现出同一个场景，廉颇当着众人说他是阿谀奉承之辈。当时，所有人都笑了，他无地自容，恨不得找个地缝钻进去。那时，他还是太子的伴读，身份卑微。可现在，昔日的太子已经成了赵王（赵悼襄王）。而他，则是赵王身边最受信任的红人。现在廉颇不在邯郸，他正忙着和魏国打仗。是时候出击了，让廉颇为自己说的话付出代价，让他悔恨地跪在自己的脚下。想到这里，他脸上的肌肉竟然有一点痉挛。

他，就是悼襄王的宠臣郭开。

郭开私下里见悼襄王，对他说："现在坊间都在传言，廉颇在外面拥兵自重，骄傲自满，而大王年幼，又刚刚继位，恐怕会生事端的。大王应早做安排，以备不测啊！"

悼襄王原本对廉颇的印象就不太好，他觉得廉颇太高傲了，好像从来就没有把自己放在眼里，哪怕他现在已经是赵王。听郭开如此说，心里更是来气。他问郭开："眼下，廉颇正带兵打仗，怎样做才能让他不生疑心呢？"

郭开说："可以说他作战不力，命武襄军乐乘代替他，这样他就不会怀疑了。"

悼襄王大喜，旋即命令乐乘率兵十万去前线替代廉颇。

2

此时的廉颇，正奉命率军攻打魏国，已经攻占了魏国黄河以北的繁阳（今河南内黄）。

这一日，廉颇正在大帐中与将士议事，一名侍卫急匆匆冲进大帐，神色紧张地说："廉将军，大王派乐乘来替代您，现在，乐乘大军已离此处不远了。"

众将听完，都一时摸不着头脑，面面相觑。

廉颇一下子怒发冲冠。他一拳砸在案几上，大声说："这一定是有奸佞之人在大王面前进谗言，才让大王怀疑我。我廉颇一生，光明磊落，赤胆忠心，怎能一再遭受这样的猜忌呢？更何况，乐乘是什么人？不过是赵括之流，只懂纸上谈兵，他怎能担此大任？"

"那将军想怎样，我等只听廉将军将令！"诸将也都怒气难消，纷纷攥起了拳头。

"我只愿诸位助我，赶走乐乘，让大王看看，乐乘不是我的对手，他没有资格替我！"廉颇余怒未消。

很快，三军便集合完毕。廉颇愤慨地对众将士说："长平之战，大王命赵括替我，结果让四十万赵军死于非命。今大王又命乐乘替我，这是对我的不信任，我不堪其辱。还请三军将士，为我助威，吓走乐乘！"

三军将士齐声呐喊。他们都愿意为廉将军效命，这已经不是出于命令，而是自发的行为。

"我们面对的不是敌军，所以，不许使用弓箭，不许伤及士兵！"出发前，廉颇又再三叮嘱。

乐乘听说廉颇率军来攻打自己，队列都没敢排开，便逃回了邯郸。他对这位老将军，是既敬又怕。他不想与廉颇为敌，又不能违抗赵王命令，所以，一路上，他的心一直忐忑不安。而现在，以这种方式收场，他觉得再好不过。

吓走了乐乘，廉颇便陷入了迷茫。他是赵国的相国和大将，他不能带领赵军去攻打邯郸。在他的字典中，从来就没有"背叛"一词。可眼下，邯郸却是无法再回了。

他突然想到信陵君，他当年窃符救赵之后，把魏军托付给魏将，自己只身留在了邯郸。看来，今天也只能效仿信陵君了。

他拱手对跟随自己多年的将领们说："廉颇此举，意不在反叛，只是证明。然而，乐乘回去，必说我反叛，大王必不容我。但是，三军无罪，你们还是赵国的命脉。我只希望，诸位能把这支队伍平安带回邯郸，以明我心志。拜托了！"

诸位将领虽有不舍，但又实在想不出其他办法，只得与廉颇洒泪而别。

目送三军将士离开，廉颇在边境徘徊多时，才毅然决定，投奔魏国大梁。

魏王听说廉颇来投，兴奋不已。多年以来，廉颇的名字早已成了一种威慑，一种力量。他让人把廉颇请进大殿，设宴款待。魏国的大臣们纷纷向廉颇敬酒，赞美他的大名。然而，廉颇却高兴不起来。在异国的朝廷上，他没有贵宾之感，只有流放者的孤独和悲凉。

廉颇停下来转身目送三军将士的背影，有那么一刻，他竟然有一丝悔恨。

3

公元前236年，赵悼襄王病死，赵迁即位，是为赵幽缪王。赵迁和他父亲一样，最信任的人还是相国郭开。

秦王听说廉颇离开了赵国，觉得是一个机会。公元前229年，秦国派兵攻打赵国。赵王派了许多将领去应战，但都大败而归。

这一天，赵王坐在大殿上，听到前方战败的消息，他突然想起了廉颇。他犹豫半晌，终于还是试探性地问："听说廉颇在魏国，还是念念不忘故国。如果我们派人去请他回来，他会不会答应呢？"

没等他的话说完，马上就有许多大臣上前回答："廉将军是忠义之士，乐乘之事，廉将军只是一时气愤。可他并没有背叛赵国，而是让副将把部队带回来。由此可见廉将军的心志。现在，赵国有难召他，他肯定万死不辞！还请大王即刻派人去魏国，请廉将军回来！"

"那就派唐玖先去魏国，看看廉颇是否还有当年的神勇吧！"赵王吩咐。

郭开闻听此言，脸色立刻变了。然而，他不敢插话。因为，他看得出赵王现在真的需要廉颇，而其他大臣也都希望廉颇回来。他不能犯众怒。

夜里，郭开私自去拜访赵王指派的特使唐玖。

他把许多金子和珠宝摆在唐玖面前，阴沉着脸问："要这些珠宝，还是要廉颇回来，请先生选择！"

唐玖望着郭开阴郁的脸，后背发凉。他了解眼前这个人，气度狭小，睚眦必报，更何况他还是赵王眼前的红人。他不敢得罪。于是，他对郭开拱手说："我要珠宝，不要廉颇。"

郭开满意地笑了。

听说赵国特使奉赵王命来看自己，廉颇一下子精神焕发。他跑到门外迎接唐玖。看着明亮的盔甲和膘肥体壮的战马，他的眼睛马上亮了。他急切地走上去，用手轻轻地抚摸马头，就像旧友重逢。他小心翼翼地拿出盔甲，在身上比划了一下，瞬间泪目。

他命令下人，赶紧摆酒。

在唐玖面前，廉颇并不多言，他吃了一斗米，十斤肉，然后，又披甲上马，把大刀舞得呼呼带风。然后，他翻身下马，气不长出，面不改色。

他拱手问唐玖："先生看我还能否驰骋疆场？"

唐玖苦笑着伸出大拇指："老将军如此神勇，真乃赵国之福呀！待我回去禀报赵王，请老将军出山！"

唐玖回到邯郸，对赵王说："廉将军一顿饭还可以吃一斗米、十斤肉，可是……"

"可是什么？"赵王的身子不觉从案几后探了出来。

"可是，廉将军在一顿饭的时间里竟然如厕三次。"唐玖用眼角瞟了瞟郭开，慢腾腾地说。

"哦……"赵王失望地收回了身子。众大臣也都失望地低下了头。只有郭开，望着唐玖眉开眼笑。

廉颇翻身下马，气不长出，面不改色。

客死他乡

送走了唐玖，廉颇一连几天都处于一种亢奋的状态。他常常呆坐在屋子里，出神地望着窗外，脸上不自觉地就会浮现出微笑。

他想起以前，想起金戈铁马，想起鼓角之声，想起邯郸的宫殿，想起赵国的兵士。他觉得，这一切就要重新回到他的生命中。

然而，他等了又等，也没等到来接他的使者；他盼了又盼，也没盼来来自赵国的消息。

他终于绝望。

再后来，楚王派人偷偷把廉颇从魏国接到楚国。

在楚国，廉颇依然没有得到重用。他虽然被拜为将军，但并没有获得带兵打仗的机会，毫无建树。他常说，我还是希望能够率领赵国的士兵啊。

没几年，廉颇已是须发如雪，步履蹒跚。而楚人也似乎忘记了这位曾让敌军闻风丧胆的将军。

每一日，他都借酒浇愁。他想像过去那样痛饮，但已不胜酒力，稍饮就醉。

这一天，他正在家中枯坐，突然听到街上有人在唱赵国的歌。他急忙跑到街上，却看见楚人三三两两走过街头，并无赵人的衣冠。

他失神地走进一家酒肆，要了酒肉，一个人兀自喝着。

喝着喝着，不觉已有醉意。胸中似有千军万马踏过，铮铮然有刀戈之声。他忍不住想跨马奔驰，忍不住想仰天长啸。

他喉咙发热，不禁引吭高歌。歌声慷慨悲凉，听者动容。

不知唱了多久，他才停下来。他抬起头，朦胧中，似看到许多人都停下脚步看着他。

他擦了擦眼睛，那浑浊的泪水早已成冰痕，挂在眼角和脸上的皱纹里。

他失神落魄地回到家中，倒在床上，一病不起。

他常常做梦，总梦到邯郸的丛台，梦见邯郸的城墙，梦见邯郸的故人，梦见他率领赵国的士兵跃马沙场。醒来看时，却还是楚国的天空。

终于，他的眼神涣散了，眼前的一切都遥远了。但在迷离中，他竟然看到了邯郸城门大开，他想加快脚步，却突然眼前一黑，邯郸消失得无影无踪。

廉颇死了，带着太多的遗憾，带着太多的孤独。然而，他的魂魄却已经上路，前方就是他梦萦魂牵的赵国。

廉颇
生平简表

●◎ **赵惠文王十六年**（前283）

廉颇率兵攻打齐国，取得阳晋大捷，被拜为上卿。

●◎ **赵惠文王二十年**（前279）

渑池之会后不久，廉颇向蔺相如负荆请罪。

●◎ **赵孝成王四年**（前262）

长平之战开始。廉颇成功抵御了秦国军队。后因赵王改用只会纸上谈兵的赵括，结果大败，四十余万赵军被坑杀。

●◎赵孝成王七年（前259）

秦国再次攻打赵国，围攻邯郸，廉颇率领赵军与秦军展开了旷日持久的对抗，最终在魏楚联军的帮助下，取得了邯郸保卫战的胜利。

●◎赵孝成王十五年（前251）

燕国进攻赵国，廉颇大破燕军，包围燕国都城。燕国割五城求和。廉颇被封为信平君。

●◎赵孝成王二十一年（前245）

廉颇率兵攻打魏国。同年，赵孝成王去世，赵悼襄王继位，让乐乘代廉颇，廉颇大怒，攻乐乘，后廉颇奔魏国大梁。

●◎赵王迁七年（前229）

秦国大举兴兵攻打赵国，赵王希望重用廉颇。但使者因受郭开贿赂，诋毁廉颇。后来，廉颇客死他乡。